見たもの全部を英語で言うトレーニングブック

長尾和夫　トーマス・マーティン
Kazuo Nagao　Thomas Martin

秀和システム

はじめに

さて、みなさん、いまこの瞬間、突然に、
「次の写真を英語で説明してください」
と言われたとしたら、どうでしょう?

例えば、日本語でなら、次のような説明をするのはかんたんです。

「この写真には誕生日パーティーが写っています。子どもたちはだいたい小学生の年齢のようです。おそらく大きなパーティーではないでしょう。なぜなら写真には5人の子どもしかいませんから。パーティーはレストランでやっているのかもしれません。あるいは、子どもたちの家のひとつかもしれません」

(本書 p.12参照)

では、上記の、**日本語でのわりと平易な説明を、瞬時に英語で言えるでしょうか?** 話そうとした途端、
「写っている?」「だいたい小学生の年齢?」「なぜなら…だから?」「やっているのかもしれない?」「あるいは?」「ひとつかもしれない?」……
などと、**さまざまな表現に対応する、さほど難しくないはずの英語が即座にわからず、混乱**してしまっていませんか?

本書『見たもの全部を英語で言うトレーニングブック』は、このような**日本人に生じがちな「パニック症状」**を緩和するために企画された、初級〜中級者向けの英語スピーキング上達本です。本書では、上記のような**一連の説明をとてもシンプルな英語を用いてできる**ように、徐々にみなさんを導いていきます。

本書に登場する表現は、一部を除いてほとんどが中学生にも理解できるレベルの文法や語いを用いていますから、初心者がスピーキング力の向上を目指す場合にぴったりです。

しかし、本書の内容が非常にシンプルではあっても、写真で見た一連の内容を英語で説明することは、一朝一夕にできることではありません。**これまでスピーキングの訓練を**

はじめに

いっさいしてこなかったみなさんには、やさしい語いや文法を用いた説明でも、それほど単純なものではないからです。

　ですから、**本書の第1部では、数十語の一連の説明を行う前の下準備として、まずは写真に関するQ&Aに取り組む「質問に答えてみよう」**というパートを設けました。1枚の写真について質問を5つ設け、それぞれの質問に3種類の答えをサンプルとしてつけました（合計で15の答えを用意しています）。実は、この15の答えひとつひとつが、写真に関する短い説明になっているのです。まずは、短い説明をたくさんすることからスタートしようということなのです。

　次の**「ひとりで言ってみよう」**のパートでは、すでに「質問に答えてみよう」のコーナーで学習したシンプルな15通りの説明に肉付けをし、引き延ばしていく練習をします。すでに学習した内容に、一部、新たな内容を加えて、一連の説明に仕上げたものを、3通り紹介していきます。

　3通りの説明は、それぞれ、**同じことを別の言葉で説明していたり、まったく違う内容を説明していたりしますから、スピーチのひとつひとつが、実際に自分で話すときのとても大きな参考になる**のです。

　また、本書の第2部では、第1部の**「表現のポイント」**で取り上げたスピーキングに必須の表現の数々を、33の機能に分類してまとめて紹介し直しています。第2章の該当ページを開けば同じ機能をもつ類似表現を、一気にまとめて学習することも可能です。この第2部は**「基礎的なスピーキング表現の簡易辞書」**として参照していただいてもいいでしょう。

　英会話スピーキング初心者のみなさん、あるいは長年英語を学習しているけれどもスピーキングにさっぱり自信のないみなさんも、まずは本書で基礎作りをしてみてはいかがでしょうか?**「できることから、こつこつ一歩一歩やっていく」**という本書のポリシーがきっとみなさんのスピーキング力の向上に役立ってくれるものと思います。

　最後になりますが、本書の上梓にご尽力いただいた秀和システムのみなさん、編集を担当していただいた同社の清水雅人さんに、お礼を申し上げておきたいと思います。

2016年　雛祭りの日に
A+Café 代表　長尾和夫

音声ダウンロードのご紹介

　本書で紹介されているフレーズをネイティブ・スピーカーが読み上げた音声を以下のサイトから無料でダウンロードできます。

URL http://www.shuwasystem.co.jp/support/7980html/4644.html

　音声のファイル名は本文記載のトラック名と対応しています。

本書の使い方

第1部 スピーキングトレーニング編

1. 質問に答えてみよう

まずは、写真を見ながら、質問に答えていただくパートを設けました。1枚の写真について5つの質問を設け、それぞれ3つの答えを用意しました。15の返答は、それぞれ、写真の説明になっています。

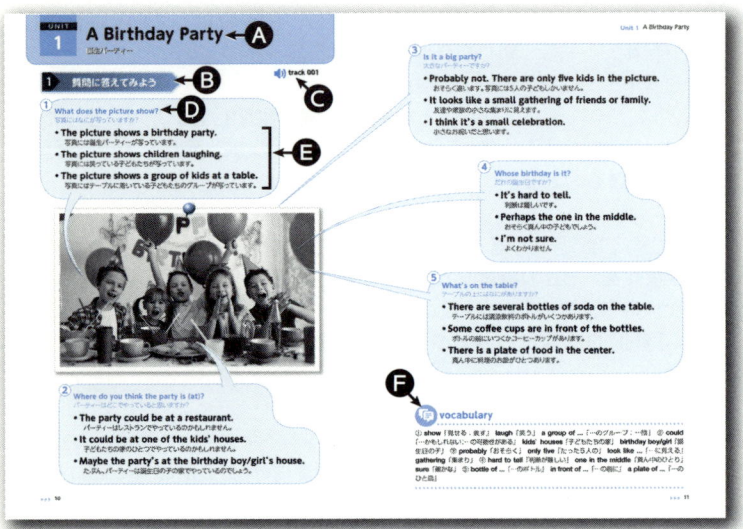

❹ 各UNITのタイトル
このUNITのタイトルです。

❺ 質問に答えてみよう
まずは、質問に答えてみることからスタートします。

❻ mp3音声のtrack 番号

❼ 質問
写真について、5〜6種類の質問をします。

❽ 答えのサンプル
❼の答えのサンプルを各3文ずつ紹介しています。

❾ vocabulary
このUNITで学習する語いを概観します。

本書の使い方

2. ひとりで言ってみよう
1. のパートに出てきた例文に肉付けし、引き延ばしていく練習をします。

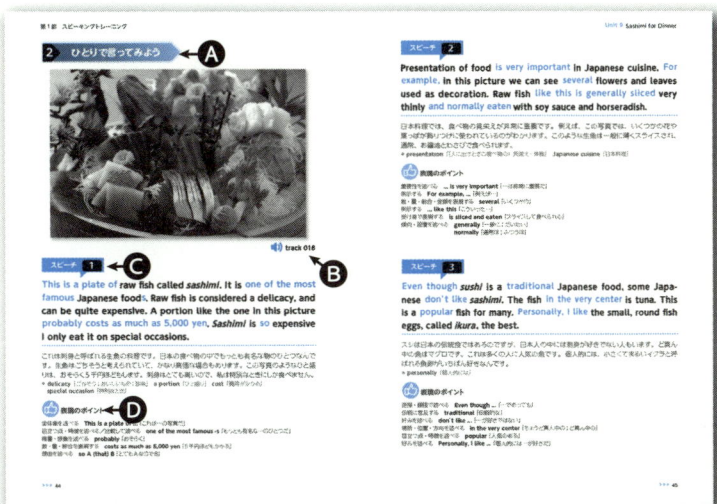

- **Ⓐ ひとりで言ってみよう**
  今度はひとりで長めの文章を言う練習をします。
- **Ⓑ mp3音声のtrack番号**
- **Ⓒ スピーチ番号**
  3種類の長めのスピーチをする練習をします。＊のあとに解説を付したものもあります。
- **Ⓓ 表現のポイント**
  各スピーチに出てくる重要な表現をまとめています。

第2部 キーフレーズ編

第1部の「表現のポイント」で取り上げたスピーキングに必須の表現を、33の機能に分類してまとめました。基礎的なスピーキング表現の簡易辞書としてもご活用ください。

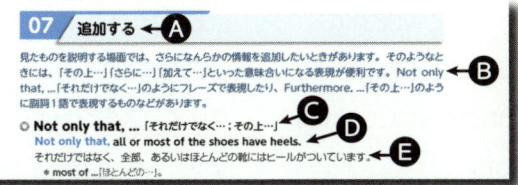

- **Ⓐ UNITタイトル**
  このUNITのタイトルです。
- **Ⓑ 概要**
  このUNITに出てくる表現のポイントを簡潔にまとめています。
- **Ⓒ キーフレーズ**
  ここで紹介するキーフレーズです。
- **Ⓓ センテンス例**
  キーフレーズを使った例文を取り上げています。
- **Ⓔ センテンス日本語訳**
  Ⓓのセンテンス例の日本語訳です。＊のあとに解説を付したものもあります。

目次

はじめに　　2
本書の使い方　　4

第1部　スピーキングトレーニング編

UNIT 1	A Birthday Party	誕生パーティー	10
UNIT 2	Cherry Blossom Viewing	花見	14
UNIT 3	A Fender-bender	軽い衝突事故	18
UNIT 4	London Street Scene	ロンドンの通り	22
UNIT 5	In the Classroom	授業の風景	26
UNIT 6	Family Bike Ride	家族で自転車乗り	30
UNIT 7	Shopping for Shoes	靴の買い物	34
UNIT 8	Talking Over Business	ビジネス・トーク	38
UNIT 9	Sashimi for Dinner	夕食の刺身	42
UNIT 10	At the Beach	ビーチで	46
UNIT 11	At the Register	レジで	50
UNIT 12	Fireworks Over Tokyo	東京の花火	54
UNIT 13	Tourists in London	ロンドンの旅行者	58
UNIT 14	At the Vending Machine	自動販売機で	62
UNIT 15	The Statue of Liberty	自由の女神	66
UNIT 16	Baking Christmas Cookies	クリスマスのクッキー作り	70
UNIT 17	On the Sofa	ソファーの上で	74
UNIT 18	Climbing the Mountain	登山	78
UNIT 19	Takoyaki to Go	持ち帰りのたこ焼き	82
UNIT 20	The Tea Harvest	お茶の収穫	86
UNIT 21	Hiking the Back Country	山奥のハイキング	90

UNIT 22	Rock and Roll	ロックンロール	94
UNIT 23	Kids' Christmas Morning	クリスマスの朝の子ども	98
UNIT 24	At the Airport	空港	102
UNIT 25	A Hot Spring	温泉	106
UNIT 26	Hotpot	鍋料理	110
UNIT 27	Money Trouble	お金のトラブル	114
UNIT 28	A Busy Intersection	にぎやかな交差点	118
UNIT 29	A Jungle Cruise	ジャングル・クルーズ	122
UNIT 30	Raise a Glass	乾杯	126
UNIT 31	Shopping with Grandpa	祖父との買い物	130
UNIT 32	Boarding the Bus	バスへの乗車	134
UNIT 33	A Woman and Her Bike	女性と自転車	138
UNIT 34	Rollercoaster Ride	ジェットコースターに乗る	142
UNIT 35	A Riverside View	河畔の風景	146
UNIT 36	Fresh from the Garden	採れたての野菜	150
UNIT 37	Sights in Ochanomizu	御茶ノ水の風景	154
UNIT 38	A Mountain Lake	山中の湖	158
UNIT 39	Sledding	そり滑り	162
UNIT 40	Horse Racing	競馬	166
UNIT 41	Getting a Checkup	検診を受ける	170
UNIT 42	New Year	新年	174
UNIT 43	Liftoff	発射	178
UNIT 44	A Small Store	小さな店	182
UNIT 45	Photo Shoot	写真撮影	186
UNIT 46	Cook Out	バーベキュー	190
UNIT 47	Interior of a House	室内	194

第2部　キーフレーズ編

01	全体像を述べる	200
02	目立つ点・特徴を述べる	201
03	対照する	202
04	順序立てて説明する	203
05	逆接・順接で述べる	204
06	仮定する	205
07	追加する	206
08	意見・感想を述べる	207
09	知識・理解を述べる	208
10	傾向・習慣を述べる	208
11	確信を述べる	209
12	推量・想像を述べる	210
13	疑問・不明を述べる	211
14	伝聞を述べる	212
15	好みを述べる	213
16	希望・期待を述べる	214
17	必要を述べる	215
18	目的・手段を述べる	216
19	例示する	217
20	理由を述べる	218
21	頻度を述べる	219
22	存在を表す	220
23	共通・類似・同一に言及する	221
24	比較して述べる	222
25	進行形で表現する	223
26	経験・完了・過去を述べる	224
27	関係詞で表現する	225
28	未来時制で表現する	226
29	受け身で表現する	226
30	数・量・割合を表現する	227
31	時間・時刻の表現	228
32	気象・天候・季節の表現	229
33	場所・位置・方向を述べる	230

第1部

スピーキングトレーニング編

UNIT 1 A Birthday Party
誕生パーティー

🔊 track 001

1 質問に答えてみよう

①
What does the picture show?
写真にはなにが写っていますか？

- **The picture shows a birthday party.**
  写真には誕生パーティーが写っています。
- **The picture shows children laughing.**
  写真には笑っている子どもたちが写っています。
- **The picture shows a group of kids at a table.**
  写真にはテーブルに着いている子どもたちのグループが写っています。

②
Where do you think the party is (at)?
パーティーはどこでやっていると思いますか？

- **The party could be at a restaurant.**
  パーティーはレストランでやっているのかもしれません。
- **It could be at one of the kids' houses.**
  子どもたちの家のひとつでやっているのかもしれません。
- **Maybe the party's at the birthday boy/girl's house.**
  たぶん、パーティーは誕生日の子の家でやっているのでしょう。

Unit 1　A Birthday Party

③ Is it a big party?
大きなパーティーですか？

- **Probably not. There are only five kids in the picture.**
  おそらく違います。写真には5人の子どもしかいません。
- **It looks like a small gathering of friends or family.**
  友達や家族の小さな集まりに見えます。
- **I think it's a small celebration.**
  小さなお祝いだと思います。

④ Whose birthday is it?
だれの誕生日ですか？

- **It's hard to tell.**
  判断は難しいです。
- **Perhaps the one in the middle.**
  おそらく真ん中の子どもでしょう。
- **I'm not sure.**
  よくわかりません

⑤ What's on the table?
テーブルの上にはなにがありますか？

- **There are several bottles of soda on the table.**
  テーブルには清涼飲料のボトルがいくつかあります。
- **Some coffee cups are in front of the bottles.**
  ボトルの前にいくつかコーヒーカップがあります。
- **There is a plate of food in the center.**
  真ん中に料理のお皿がひとつあります。

🗨 vocabulary

① show「見せる；表す」 laugh「笑う」 a group of ...「…のグループ；一団」 ② could「…かもしれない；…の可能性がある」 kids' houses「子どもたちの家」 birthday boy/girl「誕生日の子」 ③ probably「おそらく」 only five「たった5人の」 look like ...「…に見える」 gathering「集まり」 ④ hard to tell「判断が難しい」 one in the middle「真ん中のひとり」 sure「確かな」 ⑤ bottle of ...「…のボトル」 in front of ...「…の前に」 a plate of ...「…のひと皿」

第1部　スピーキングトレーニング編

2　ひとりで言ってみよう

🔊 track 002

スピーチ 1

This picture shows a birthday party. **It looks like** these kids are about elementary-school age. **It's probably not** a very big party, **because** there are only five children in the picture. The party **could** be at a restaurant. Or, it **might** be at one of the kids' houses.

....

この写真には誕生日パーティーが写っています。子どもたちはだいたい小学生の年齢のようです。おそらく大きなパーティーではないでしょう。なぜなら写真には5人の子どもしかいませんから。パーティーはレストランでやっているのかもしれません。あるいは、子どもたちの家のひとつかもしれません。

＊ elementary-school age「小学生の年齢」

 表現のポイント

全体像を示す	The picture shows ...	「この写真は…を表している」
推量・想像を述べる	It looks like ...	「…のようだ」
	It's probably not ...	「おそらく…ではない」
理由を述べる	because ...	「…なので」
推量・想像を述べる	could ...	「…かもしれない；…の可能性がある」
	might ...	「…かもしれない」

▶▶▶ 12

Unit 1 A Birthday Party

 スピーチ 2

Only four of the children are wearing hats. All five of them are laughing, though. I wonder whose birthday it is. It's hard to tell. Perhaps the one in the middle. Certainly, they are all having a good time.

子どものうち４人だけが帽子をかぶっています。けれども５人全員が笑っています。だれのパーティーなのでしょうか？ 判断は難しいです。おそらく、真ん中の子どもでしょう。確実にみんなが楽しい時間を過ごしています。

* wear「身につける；着る；かぶる」 though「…だけれど」 wonder「あれこれと思い巡らす」
  have a good time「楽しく過ごす」

👍 表現のポイント

進行形で表現する　are wearing「かぶっている」
共通・類似・同一に言及する　All five of them「彼ら５人全部が」
疑問・不明を述べる　I wonder ...「…だろうか？」
　　　　　　　　　　It's hard to tell.「判断は難しい」
場所・位置・方向を述べる　in the middle「真ん中の」
確信を述べる　Certainly, ...「確実に」
進行形で表現する　are having「過ごしている」

 スピーチ 3

There are several bottles of sodas on the table. Some coffee cups are in front of the bottles. This is strange, since children don't usually drink coffee. It's possible the cups were for soup. However, the picture doesn't show the most important thing, a cake!

テーブルにはいくつか清涼飲料のボトルがあります。ボトルの前にはいくつかのコーヒーカップがあります。子どもたちはふつうコーヒーを飲まないので、これは不思議です。カップはスープ用だったのかもしれません。けれども、この写真にはいちばん重要なものが写っていません。ケーキです！

👍 表現のポイント

数・量・割合を表現する　several「いくつかの」 some「いくつかの」
場所・位置・方向を述べる　in front of ...「…の前に」
理由を述べる　since ...「…なので」
傾向・習慣を述べる　usually「ふつうは；通例」
推量・想像を述べる　It's possible ...「…かもしれない；…があり得る」
逆接・順接で述べる　However, ...「しかしながら…；けれども…」
重要性を述べる　the most important ...「もっとも重要な…」

▶▶▶ 13

UNIT 2 Cherry Blossom Viewing
花見

🔊 track 003

1 質問に答えてみよう

① **What are the people in the picture doing?**
写真の中の人たちはなにをしていますか？

- **People are boating on a river or a lake.**
  人々は川か湖でボートに乗っています。
- **They are enjoying the cherry blossoms.**
  彼らは桜の花を楽しんでいます。
- **They are spending the day in a park.**
  公園で一日を過ごしています。

② **What season is it?**
季節はいつでしょうか？

- **It must be spring.**
  春に違いありません。
- **It's probably spring.**
  おそらく春でしょう。
- **It looks like it is March or April.**
  3月か4月に見えます。

Unit 2 Cherry Blossom Viewing

③ What is the weather like?
お天気はどんな感じですか？

- **The sun is shining brightly.**
  太陽が明るく輝いています。
- **It's a clear day.**
  晴れた日です。
- **It looks a little chilly.**
  ちょっと肌寒いようです。

④ Where is the park located?
公園はどこにあるのですか？

- **This park is definitely in Japan.**
  この公園は絶対に日本にあります。
- **It's probably in a city.**
  たぶんどこかの都市でしょう。
- **It's likely somewhere in Tokyo.**
  東京のどこかのようです。

⑤ Do you ever go cherry-blossom viewing?
いままでに花見に行ったことがありますか？

- **Of course. My friends and I go every year.**
  もちろんです。毎年、友達と行きます。
- **Absolutely. I usually go with my co-workers.**
  もちろん。いつもは同僚と行きますよ。
- **Certainly. There's a great place near my office.**
  もちろん。オフィスの近くにすばらしい場所があるんです。

💬 vocabulary

① boat「ボートに乗る」 cherry blossom「桜の花」 spend the day「一日を過ごす」
② what season「どの季節」 spring「春」 ③ shine「輝く；照る」 clear「晴れた」 chilly「ひんやりした」 ④ be located「位置している」 definitely「絶対に」 somewhere in ...「…のどこか」 ⑤ ever「いままでに」 cherry-blossom viewing「(桜の)花見」 co-worker「同僚」 great「すばらしい」

15

2 ひとりで言ってみよう

🔊 track 004

スピーチ 1

In this picture, people are boating on a river or a lake. It must be spring, because the cherry blossoms are in bloom. Most of the people in the boats are couples. Many of them are likely on a date. The boats are all the same size and shape, so they are almost certainly rental boats.

この写真では、人々が川か湖でボートに乗っています。季節は春に違いありません。なぜなら桜の花が盛りだからです。ボートのほとんどの人はカップルです。彼らの多くはおそらくデートしているのでしょう。ボートは全部同じサイズと形をしていますから、ほぼ間違いなく貸しボートでしょう。

* in bloom「花盛りで」

👍 **表現のポイント**

全体像を述べる　**In this picture, ...**「この写真には…」
確信を述べる　**must be ...**「…に違いない」
数・量・割合を表現する　**Most of ...**「ほとんどの…」
推量・想像を述べる　**likely**「たぶん；おそらく」
共通・類似・同一に言及する　**the same ...**「同じ…」
確信を述べる　**almost certainly ...**「ほぼ確実に…」

Unit 2 Cherry Blossom Viewing

スピーチ 2

It's a very nice day. The sun is shining brightly. It looks a little chilly, because most of the people are wearing jackets or sweaters. There are only a few clouds in the sky. What a relaxing way to spend the day!

とても天気のよい日です。太陽が明るく輝いています。少しひんやりしているように思えます。なぜなら、ほとんどの人がジャケットやセーターを着ているからです。空にはほんの少ししか雲がありません。一日を過ごすのに、なんとリラックスした方法なのでしょう!
* only a few ...「ほんの少しの…」　relaxing「くつろがせる;ほっとする」

 表現のポイント

気象・天候の表現　a little chilly「少々肌寒い」
理由を述べる　because ...「なぜなら…だから」
数・量・割合を表現する　most of ...「…のほとんど」
進行形で表現する　are wearing「着ている」
存在を表す　There are ...「…がある」
数・量・割合を表現する　only a few ...「ほんの少々の…」
目的・手段を述べる　a way to ...「…する方法」

スピーチ 3

This park is definitely in Japan. It's likely somewhere in Tokyo, since there are tall buildings in the background. Cherry blossom-viewing is an important tradition in Japan. My friends and I enjoy *hanami* every year. There's a great place near my office.

この公園は絶対に日本にあります。おそらく東京のどこかのようです。なぜなら背景に背の高いビルがあるからです。(桜の)花見は日本の重要な伝統です。友人と私は毎年花見を楽しんでいます。オフィスの近くにすばらしい場所があるのです。
* somewhere in Tokyo「東京のどこか」　tradition「伝統」

 表現のポイント

確信を述べる　definitely ...「絶対に;明確に」
推量・想像を述べる　likely「たぶん;おそらく」
理由を述べる　since ...「…だから」
存在を表す　there are ...「…がある」
場所・位置・方向を述べる　in the background「背景に」
傾向・習慣を述べる　every year「毎年」
存在を表す　There's ...「…がある」

UNIT 3　A Fender-bender

軽い衝突事故

🔊 track 005

1　質問に答えてみよう

① **What are these people talking about?**
この人たちは、なにについて話していますか？

- **It appears these people were in a car accident.**
  彼らは自動車事故に遭ったようです。
- **It looks like they had a traffic accident.**
  彼らは自動車事故を起こしたようです。
- **Obviously, there was an accident.**
  明らかに事故が起こりました。

② **How do you think they feel?**
彼らはどんな気持ちだと思いますか？

- **The woman looks angry.**
  女性は怒っているようです。
- **The man seems apologetic.**
  男性は申し訳なさそうです。
- **Both of them must be unhappy.**
  ふたりとも不幸な気持ちに違いありません。

Unit 3 A Fender-bender

③ Whose fault was it?
(事故は)だれの責任でしたか?

- **It was probably the man's fault.**
  おそらく男性の責任でしょう。
- **I think it was the man's fault.**
  男性の責任だと思います。
- **The man's (fault), since he was behind her.**
  男性の(責任)です。なぜなら、彼が彼女の後ろにいたからです。

④ Why do you think the accident happened?
事故はどうして起こったと思いますか?

- **Maybe the man was following too closely.**
  たぶん男性があまりにも近くをついていっていたのでしょう。
- **Perhaps the woman stopped suddenly.**
  もしかすると、女性が急停車したのかもしれません。
- **The man was possibly texting and driving.**
  もしかすると、男性はショート・メールを打ちながら運転していたのかもしれません。

⑤ Was it a bad accident?
ひどい事故でしたか?

- **It looks like it was just a minor accident.**
  軽い事故だったように見えます。
- **No. Neither of them seem injured.**
  いいえ。どちらもケガをしているようには見えません。
- **No, because the lady's car isn't badly damaged.**
  いいえ、女性の車はひどい損害を受けてはいません。

⑥ What do you think will happen next?
次になにが起こると思いますか?

- **They'll likely call the police.**
  おそらく彼らは警察を呼ぶでしょう。
- **I imagine they'll call a tow truck.**
  牽引車を呼ぶと思います。
- **They'll probably share insurance information.**
  おそらく保険の情報を交換するでしょう。

💬 vocabulary

① be in a car accident「交通事故に遭う」 ② look angry「怒っているようだ」 apologetic「申し訳なさそうな」 both of them「彼らの両方とも」 unhappy「不幸な」 ③ fault「責任;罪」 behind ...「…の後ろに」 ④ follow「あとをついていく」 texting and driving「ショート・メールを打ちながら運転する」 ⑤ minor accident「軽い事故」 injured「傷ついて;ケガをして」 damaged「損害を受けて」 ⑥ tow truck「牽引車」 insurance「保険」 information「情報」

第1部　スピーキングトレーニング編

2　ひとりで言ってみよう

🔊 track 006

スピーチ 1

It appears these people were in a car accident. The woman looks angry. She has her hands on her hips. The man seems apologetic. It's not snowing or raining, so I don't think bad weather caused the accident.

....

この人たちは事故に遭ったようです。女性は怒っているように見えます。彼女は腰に手を置いています。男性は申し訳なさそうな様子です。雪や雨は降っていませんから、悪天候が事故の原因ではないと思います。

👍 表現のポイント

推量・想像を述べる　**It appears ...**「…のようだ」
経験・完了・過去を述べる　**A were in B**「AがBの中にいた；B(事故)に巻き込まれた」
推量・想像を述べる　**seems ...**「…のように見える；思える」
進行形で表現する　**is not -ing**「…していない」
逆接・順接で述べる　**so ...**「なので…」
意見・感想を述べる　**I don't think ...**「…だと思わない」

▶▶▶ 20

Unit 3 A Fender-bender

スピーチ 2

The man's car is badly damaged. The picture doesn't show the woman's car clearly. I think it was the man's fault. Maybe the man was following too closely. Perhaps the woman stopped suddenly. Then again, the man was possibly texting and driving.

男性の車はかなりの被害を受けています。この写真は女性の車をはっきり写していません。男性の責任だったと思います。たぶん、男性があまりに近づいて、あとを追っていたのでしょう。もしかすると、女性が急停車したのかもしれません。しかし、また一方で、もしかすると男性がショート・メールを打ちながら運転していたのかもしれません。

 表現のポイント

意見・感想を述べる　I think ...「…だと思う」
進行形で表現する　was following「追いかけていた」
推量・想像を述べる　Perhaps ...「おそらく…；もしかすると…」
経験・完了・過去を述べる　... stopped「…が停まった」
逆接・順接で述べる　Then again, ...「また一方で…」
進行形で表現する　was texting「ショートメールを打っていた」
推量・想像を述べる　possibly「ひょっとすると」

スピーチ 3

It looks like it was a minor accident. Neither of them seem injured. The man's car is badly damaged. I imagine they will call a tow truck. The police will probably give the man a ticket. Surely, both of them wish this didn't happen.

軽微な事故だったように見えます。彼らのどちらもケガをしているようには見えません。男性の車はひどく破損しています。彼らは牽引車を呼ぶだろうと思います。おそらく警察が男性に違反切符を切るでしょう。確実に、ふたりとも事故が起こってほしくはなかったでしょう。

＊Neither of them ...「彼らのどちらも…でない」　tow truck「牽引車」　ticket「違反切符」

 表現のポイント

推量・想像を述べる　It looks like ...「…のようだ」
　　　　　　　　　seem ...「…に見える；思える」
　　　　　　　　　imagine ...「…と想像する」
未来時制で表現する　will call「呼ぶだろう」
推量・想像を述べる　probably「おそらく」
確信を述べる　Surely, ...「確かに…；確実に…」
共通・類似・同一に言及する　both of ...「…のふたりとも」

UNIT 4 London Street Scene
ロンドンの通り

🔊 track 007

1 質問に答えてみよう

① Where was this picture taken?
この写真はどこで撮られましたか？

- **I am confident it was taken in Europe.**
  ヨーロッパで撮られたのだと確信しています。
- **This picture shows a street in London, England.**
  この写真には英国のロンドンの通りが写っています。
- **It has to be London.**
  ロンドンに違いありません。

② Why do you think this street is in England?
どうしてこの通りがロンドンにあると思うのですか？

- **Because there are "double-decker" buses in the center of the picture.**
  なぜなら、2階建てバスが写真の真ん中にあるからです。
- **Because I can see a famous clock called "Big Ben" in the background.**
  なぜなら、背景にビッグ・ベンと呼ばれる有名な時計があるからです。
- **On the left side of the picture is a European-style phone booth.**
  写真の左側には、欧風の電話ボックスがあります。

Unit 4 London Street Scene

③ What are the people in this picture doing?
この写真の人たちはなにをしていますか?

- **Some of them are crossing the street.**
  いくらかの人は通りを渡っています。
- **Many people are walking on the sidewalks.**
  多くの人が歩道を歩いています。
- **Of course, some people are riding the bus.**
  もちろん、いくらかの人たちはバスに乗っています。

④ What time of day is it?
どんな時間帯ですか?

- **It's probably late afternoon.**
  おそらく午後の遅い時間でしょう。
- **The clock says it's 5:40. It must be afternoon.**
  時計は5時40分を指しています。午後に違いありません。
- **I think it's late in the day.**
  午後遅くだと思います。

⑤ What time of the year is it?
一年のどの時期ですか?

- **It's at least spring, because the trees have leaves.**
  少なくとも春でしょう。なぜなら木々に葉っぱがあるからです。
- **It might be spring, since some people are wearing long sleeves.**
  春に違いありません。なぜなら長袖を着ている人がいるからです。
- **It could be summer.**
  夏かもしれません。

💬 vocabulary

① have to ...「…に違いない」 ② double-decker bus「2階建てバス」 called ...「…と呼ばれる」 European-style「欧風の」 phone booth「電話ボックス」 ③ cross「横切る；横断する」 sidewalks「歩道」 ride the bus「バスに乗る」 ④ what time of day「一日のうちのどの時間」 late afternoon = late in the day「午後遅く」 ⑤ leaves「葉」 long sleeves「長袖」

2 ひとりで言ってみよう

 track 008

スピーチ 1

This picture shows a street in London, England. There are "double-decker" buses in the center of the picture. England is known for these kind of buses. On top of that, I can see a famous clock called "Big Ben" in the background. On the left side of the picture is a European-style phone booth.

この写真には英国のロンドンの通りが写っています。写真の真ん中には２階建てバスがあります。英国はこの種のバスで有名です。さらに、背景にはビッグ・ベンと呼ばれる有名な時計が見えます。写真の左側には、欧風の電話ボックスがあります。

👍 表現のポイント

全体像を述べる　This picture shows ...「この写真は…を示している；写している」
場所・位置・方向を述べる　in the center of ...「…の真ん中に」
目立つ点・特徴を述べる　is known for ...「…で知られている」
追加する　On top of that, ...「その上…」
場所・位置・方向を述べる　in the background「背景に」
　　　　　　　　　　　　　On the left side of ...「…の左側に」
存在を表す　A is B「AにBがある」

Unit 4 London Street Scene

 スピーチ 2

London is a very busy city. There are a lot of pedestrians in this picture. Many of them are walking on the sidewalks. Some of them are crossing the street. They aren't using the crosswalk, so they are hurrying. There is no traffic light in the picture, so the nearest crosswalk must be far away.

ロンドンはとてもにぎやかな街です。この写真には多くの歩行者が写っています。彼らの多くは歩道を歩いています。いくらかの人は通りを横切っています。横断歩道を使っていないので、彼らは急いでいるのです。写真には信号がひとつも写っていませんから、きっと近くの横断歩道は遠いのでしょう。

* pedestrian「歩行者」 traffic light「信号」 crosswalk「横断歩道」 far away「遠く離れて」

👍 表現のポイント

目立つ点・特徴を述べる　busy「忙しい；にぎやかな」
存在を表す　There are ...「…がある」
数・量・割合を表現する　Some of ...「…のいくつか；いくらか」
進行形で表現する　are crossing「渡っている；横切っている」
逆接・順接で述べる　so ...「だから…；なので…」
確信を述べる　must ...「…に違いない」

 スピーチ 3

Based on the photo, it's at least spring because the trees have leaves. Not only that, the people aren't dressed warmly. I think it's late in the day. The clock says it's 5:40. It must be afternoon, or it would be dark outside. Many of the people in the picture are probably on their way home from work.

写真に基づいて考えると、木々に葉っぱがあるので季節は少なくとも春でしょう。その上、人々は暖かい服装をしていません。時間帯は午後遅くだと思います。時計は5時40分を指しています。午後に違いありませんが、あるいは、外は暗いのかもしれません。写真の多くの人は、おそらく仕事からの帰宅途中でしょう。

* be dressed warmly「暖かい服装をしている」 outside「外は」
  on one's way home from work「仕事からの帰宅途中の」

👍 表現のポイント

理由を述べる　Based on ...「…に基づくと」 because ...「…だから」
追加する　Not only that, ...「それだけでなく…」
時間・時刻の表現　late in the day「午後遅く」 it's 5:40「5時40分だ」
推量・想像を述べる　would「…かもしれない」
数・量・割合を表現する　Many of ...「…の多く」

UNIT 5 In the Classroom

授業の風景

track 009

1 質問に答えてみよう

① **What is this a picture of?**
これは、なにについての写真ですか?

- **This is a picture of a school classroom.**
  学校の教室の写真です。
- **It's a picture of school children and their teacher.**
  学校の子どもたちと先生の写真です。
- **It shows three students sitting at their desks.**
  机で座っている3人の生徒が写っています。

② **What class do you think it is?**
これはなんの授業だと思いますか?

- **It's probably a math class.**
  おそらく数学の授業です。
- **Or, it might be a science class.**
  あるいは、科学の授業かもしれません。
- **It looks to me like geometry.**
  私には幾何学の授業のように見えます。

Unit 5 In the Classroom

③ **Why do you think it's a math or science class?**
どうして数学や科学の授業だと思いますか？

- **One reason is because of the writing on the chalkboard.**
  ひとつの理由は、黒板の書きものです。
- **Another reason is the teacher is wearing a lab coat.**
  もうひとつの理由は先生が実験用のコートを着ていることです。
- **It's just my impression.**
  ただの私の印象です。

④ **How many students are in the class?**
クラスには何人の生徒がいますか？

- **The picture only shows three students.**
  写真には3人の生徒しか写っていません。
- **I think there are more than just three.**
  3人だけではなくもっといると思います。
- **There's no way to know how many, but there are at least three.**
  何人いるか知る方法はありませんが、少なくとも3人はいます。

⑤ **Why are the students raising their hands?**
どうして生徒たちは手を挙げているのですか？

- **Because they want the teacher to call on them.**
  なぜなら彼らは先生に当ててほしいからです。
- **Because they know the answer.**
  答えがわかっているからです。
- **It could be because they have a question.**
  質問があるからかもしれません。

💬 vocabulary

① sitting at ...「…で座っている」　② math「数学」　science「科学」　geometry「幾何学」
③ writing「書かれたもの」　lab coat「実験用のコート」　impression「印象」　④ more than ...「…より多い」　There's no way to ...「…する方法がない」　⑤ want A to B「AにBしてほしい」　call on ...「(授業で)…を当てる」　answer「答え」　question「質問」

2 ひとりで言ってみよう

🔊 track 010

スピーチ 1

This is a picture of a school classroom. Judging by their size, these kids look like middle-school students. It's probably a math class. Or, it could be a science class. Since the teacher is smiling, I think he enjoys his job.

....

これは学校の授業の写真です。彼らの大きさから判断すると、この子たちは中等部の生徒のようです。たぶん数学の授業でしょう。あるいは、科学の授業かもしれません。先生はほほえんでいるので、彼は仕事を楽しんでいるのだと思います。

* size「大きさ；サイズ」　middle-school student「中等部の学生；中学生」

 表現のポイント

全体像を述べる　**This is a picture of ...**「これは…の写真だ」
理由を述べる　**Judging by ...**「…から判断すると」
推量・想像を述べる　**look like ...**「…に思える；見える」
　　　　　　　　　　probably「おそらく」
　　　　　　　　　　could ...「…かもしれない；可能性がある」
理由を述べる　**Since ...**「…なので」
意見・感想を述べる　**I think ...**「…だと思う」

Unit 5 In the Classroom

スピーチ 2

This picture only shows three students. I think there are more than just three. I imagine that this teacher is teaching a math or science class. One reason is because of the writing on the chalkboard. Another reason is because the teacher is wearing a lab coat.

この写真には3人の生徒しか写っていません。3人だけではなくもっといると思います。この先生は数学か科学の授業を教えているのだろうと思います。ひとつの理由は黒板に書いてあるものです。別の理由は先生が実験用のコートを着ているからです。

 表現のポイント

全体像を述べる　This picture only shows ...「この写真は…だけを見せている」
意見・感想を述べる　I think ...「…だと思う」
推量・想像を述べる　I imagine that ...「…だと想像する；…だろうと思う」
進行形で表現する　is teaching「教えているところだ」
理由を述べる・順序立てて説明する　One reason is because of ...「ひとつの理由は…だからだ」
　　　　　　　　　　　　　　　　　Another reason is because ...「もうひとつの理由は…だからだ」

スピーチ 3

This picture was taken in a classroom. It shows three students sitting at their desks. Two of the children are raising their hands. I think they want the teacher to call on them. However, it could be because they have a question.

この写真は教室で撮影されたものです。机で席に着いている3人の生徒が写っています。子どものうちふたりは手を挙げています。彼らは先生に当ててほしいのだと思います。しかし、質問があるからかもしれません。

 表現のポイント

受け身で表現する　was taken in ...「…で撮影された」
全体像を述べる　It shows ...「それは…を見せている」
進行形で表現する　are raising「挙げている」
希望・期待を述べる　want A to B「AにBしてほしがる」
逆接・順接で述べる　However, ...「しかしながら…」
推量・想像を述べる　could ...「…かもしれない」
理由を述べる　because ...「…だから」

UNIT 6　Family Bike Ride
家族で自転車乗り

🔊 track 011

1　質問に答えてみよう

① **What are these people doing?**
この人たちは、なにをしているのですか？

- **They are riding bikes together.**
  いっしょに自転車に乗っています。
- **They are bicycling in a park.**
  公園で自転車乗りをしています。
- **They are spending time biking with each other.**
  いっしょに自転車に乗って時間を過ごしています。

② **Do you believe they know each other?**
彼らは互いに知り合いだと思いますか？

- **I believe this is a family.**
  これは家族だと思います。
- **The boy and girl in front are likely brother and sister.**
  前の男の子と女の子はきょうだいのようです。
- **If that is true, the woman and man in back must be the parents.**
  もしそうなら、後ろの女性と男性は両親に違いありません。

Unit 6 Family Bike Ride

③ Why are they wearing helmets?
彼らはどうしてヘルメットをかぶっているのですか？

- **In order to be safe.**
  安全のためです。
- **In case they fall down.**
  転んだときのためです。
- **If they don't, they could get hurt.**
  もしかぶっていなければ、ケガをするかもしれません。

④ How often do you ride a bicycle?
あなたはどのくらい自転車に乗りますか？

- **I never do. I don't own a bike.**
  まったく乗りません。自転車を持っていないんです。
- **I usually ride my bike to the station everyday.**
  いつもは毎日、駅まで自転車に乗ります。
- **I only have time every other weekend or so.**
  週末に1週間おきくらいに乗ります。

⑤ Which of the kids is older?
どちらの子どもが年上ですか？

- **The girl is older than the boy.**
  女の子のほうが男の子より年上です。
- **The brother looks older than his sister.**
  きょうだいは、男の子のほうが女の子より年上に見えます。
- **The son is probably just a few years older than the daughter.**
  息子のほうが、おそらく娘よりも数歳だけ年上でしょう。

vocabulary

① **bicycle**「自転車；自転車に乗る」 **spend time**「時間を過ごす」 **with each other**「お互いに」 each other は代名詞。 ② **family**「家族」 **true**「ほんとうの；真実の」 **parents**「両親」 ③ **in case ...**「…に備えて」 **fall down**「倒れる；転ぶ」 **get hurt**「ケガをする」 ④ **I only have time** は I only have time to ride it. の意味で用いられている。 **every other weekend**「1週おきの週末に」 ⑤ **just a few years older than ...**「数歳だけ…よりも年上の」

31

2 ひとりで言ってみよう

track 012

スピーチ 1

In this picture, four people are riding bikes together. All four of them are wearing helmets, in order to be safe. If they don't (wear helmets), they could get hurt. Looking at the picture closely, they all seem to be good riders.

この写真では、4人の人がいっしょに自転車に乗っています。4人全員が安全のためにヘルメットをかぶっています。（ヘルメットを）かぶっていなければ、ケガをするかもしれません。写真を詳しく見ると、彼らはみな上手な乗り手のようです。
* closely「詳細に；詳しく」 good rider「よい乗り手」

表現のポイント

全体像を述べる　In this picture, ...「この写真では…」
共通・類似・同一に言及する　All four of them ...「彼らの4人全員が…」
目的・手段を述べる　in order to ...「…するために」
仮定する　If A, B「AならばB」
推量・想像を述べる　could ...「…かもしれない」
共通・類似・同一に言及する　they all ...「彼ら全員が…」
推量・想像を述べる　seem to be ...「…であるように見える；思える」

Unit 6 Family Bike Ride

スピーチ 2

This looks like a family of four riding bikes. The boy and girl in front are likely brother and sister. If that is true, the woman and man in back must be the parents. These kids are not yet teenagers. The brother looks older than his sister.

これは4人家族が自転車に乗っているところに見えます。手前の少年と少女はおそらくきょうだいでしょう。もしそうなら、後ろの女性と男性は両親に違いありません。この子どもたちはまだティーン・エイジャーではありません。男のきょうだいのほうが女のきょうだいよりも年上に見えます。

* are not yet teenagers「まだティーン・エイジャーでない」ティーン・エイジャーは13歳から19歳までの人を指す。

 表現のポイント

推量・想像を述べる　This looks like ...「これは…に見える；思える」
場所・位置・方向を述べる　in front「手前の」
推量・想像を述べる　likely「たぶん；おそらく」
仮定する　If A, B「AならばA」
場所・位置・方向を述べる　in back「後ろの」
比較して述べる　older than ...「…よりも年上の」

スピーチ 3

This family certainly loves to ride their bicycles. I think they ride together quite often. I enjoy riding my bike too. When I was younger, I used to ride it every day. Now I only have time every other weekend or so. I wish I could do it more often.

この家族は確実に自転車に乗るのが大好きです。かなり頻繁にいっしょに乗っているのだと思います。私も自転車乗りを楽しんでいます。小さな頃には、毎日、乗っていました。いまは、週末に1週おき程度しか乗る時間がありません。もっと頻繁に乗れたらいいのですが。

* more often「もっと頻繁に」

 表現のポイント

好みを述べる　love to ...「…するのが大好きだ」
頻度を述べる　quite often「かなり頻繁に」
好みを述べる　I enjoy -ing「私は…するのを楽しむ」
時間・時刻の表現　When A, B「AのときB」
経験・完了・過去を述べる　used to ...「(過去に) …したものだ」
頻度を述べる　every other weekend or so「1週間おきの週末かそこいら」
希望・期待を述べる　I wish I could ...「…できたらなあ」

UNIT 7 Shopping for Shoes
靴の買い物

🔊 track 013

1 質問に答えてみよう

① What kind of store is this?
これはどんな店ですか?

- **It might be a department store.**
  デパートかもしれません。
- **This is a store that sells ladies' accessories.**
  女性のアクセサリーを売るお店です。
- **It looks to me like a women's fashion boutique.**
  私には、女性のファッション・ブティックのように見えます。

② What do they sell?
店ではなにを売っていますか?

- **It appears that they primarily sell shoes.**
  おもに靴を売っているようです。
- **Of course, the store sells purses as well.**
  もちろん、お店はハンドバッグも売っています。
- **There's a wallet on display also, so they must sell those too.**
  ディスプレーには財布もありますから、それらも売っているに違いありません。

Unit 7 Shopping for Shoes

③ What do all these shoes have in common?
これらの靴に共通するものはなんですか？

- **For one thing, they are all dress shoes.**
  ひとつには、すべてがドレス・シューズです。
- **Not only that, all of the shoes have heels.**
  それだけでなく、すべての靴にヒールがついています。
- **In addition, they are all probably expensive.**
  さらに、おそらくすべてが高価です。

④ Which pair of shoes do you like better?
あなたはどの靴が好きですか？

- **I like the suede pair in the middle the best.**
  真ん中のスエードのペアがいちばん好きです。
- **The pair with laces on the end look the nicest.**
  端のひものついたペアがいちばんよく見えます。
- **I don't like high-heel shoes.**
  ハイヒールの靴は好きじゃないんです。

⑤ Which pair is the most expensive?
どの靴がもっとも高価でしょうか？

- **It's impossible to say.**
  判断は不可能です。
- **There's no way to tell.**
  判断する方法がありません。
- **I imagine they are all about the same.**
  全部だいたい同じだと思います。

💬 vocabulary

① what kind of ...「どんな種類の…」 accessories「アクセサリー」 boutique「ブティック」
② primarily「主として」 purse「ハンドバッグ」 as well「同様に」 wallet「財布；札入れ」
③ have in common「共通してもっている」 dress shoes「ドレス・シューズ」フォーマルなスーツやドレスに合う靴。 expensive「高価な；値段の高い」 ④ on the end「端の」 ⑤ say / tell「判断する；言う」

▶▶▶ 35

2 ひとりで言ってみよう

track 014

スピーチ 1

This picture was taken in a store. It looks to me like a women's fashion boutique. I tend to think so because there are purses on the shelf. Not only that, all or most of the shoes have heels. All of these products are made for women.

この写真はお店で撮影されました。私には、女性のファッション・ブティックのように思えます。棚にハンドバッグが置いてあるので、（どちらかと言えば）そう思うのです。それだけではなく、すべてかほとんどの靴にはヒールがついています。これらの製品はすべて女性用に作られています。

＊ tend to ...「どちらかと言えば…する」　product「製品」

👍 表現のポイント

受け身で表現する　was taken in ...「…で撮影された」
推量・想像を述べる　It looks to me like ...「私には…に見える；思える」
理由を述べる　because ...「…なので」
追加する　Not only that, ...「それだけでなく…」
数・量・割合を表現する　all or most of ...「すべてあるいはほとんどの…」
共通・類似・同一に言及する　All of these ...「これらの…のすべては…」
受け身で表現する　are made for ...「…向けに作られている」

Unit 7 Shopping for Shoes

スピーチ 2

This store sells women's accessories. It appears that they primarily sell shoes. Of course, the store sells purses as well. There are two of them on the shelf behind the shoes. There's a wallet on display also, so they must sell those too.

この店は女性用のアクセサリーを売っています。おもに靴を販売しているようです。もちろん、店ではハンドバッグも売っています。棚の靴の後ろに、ふたつのハンドバッグが置いてあります。ディスプレーには財布もありますから、それらも販売しているに違いありません。

👍 表現のポイント

推量・想像を述べる　**It appears that ...**「…のようだ」
存在を表す　**There are ...**「…がある」
場所・位置・方向を述べる　**behind ...**「…の後ろに」
存在を表す　**There's ...**「…がある」
逆接・順接で述べる　**..., so ...**「…なので…」
確信を述べる　**must ...**「…に違いない」

スピーチ 3

There's no way to tell, but this looks like a high-end store. The items in the picture all look very well-made and high quality. I would never buy these shoes, simply because I don't like high-heel shoes.

判断のしようがありませんが、これは高級店のように思います。写真のアイテムはすべてとてもよく作られていて高品質に見えます。私がこれらの靴を買うことは決してないでしょう。単純にハイヒールが好きではないからです。

* **high-end store**「高級店」　**well-made**「上手に作られた」　**high quality**「上質の」
　would never buy「(私としては) 買うことはないだろう」仮定法の文。

👍 表現のポイント

疑問・不明を述べる　**There's no way to tell**「判断できない」
逆接・順接で述べる　**but ...**「が…；しかし…」
推量・想像を述べる　**looks like ...**「…のようだ」
　　　　　　　　　　look ...「…に見える」
理由を述べる　**simply because ...**「単純に…だから」
好みを述べる　**I don't like ...**「…が好きではない」

UNIT 8 Talking Over Business
ビジネス・トーク

track 015

1 質問に答えてみよう

①
Do you think the people in this picture are students?
この写真の人たちは学生だと思いますか?

- **I don't think so, because they are all wearing suits.**
  そうは思いません。なぜなら、みんなスーツを着ているからです。
- **All four people are dressed very professionally.**
  4人はみんなとてもプロフェッショナルな服装をしています。
- **I suppose they could be college students, at an interview.**
  面接に来た大学生の可能性もあるかもしれないと思います。

②
What are they talking about?
彼らはなにを話しているのですか?

- **Perhaps they are discussing work.**
  もしかすると、仕事について話し合っているのかもしれません。
- **They are likely preparing for a meeting.**
  おそらくミーティングの準備をしているのでしょう。
- **I think they are discussing business.**
  仕事に関して話し合っているのだと思います。

Unit 8 Talking Over Business

③ What are they wearing?
彼らはなにを身につけていますか?

- **The two women are wearing light-colored suits.**
  女性ふたりは薄い色のスーツを着ています。
- **The man on the left is wearing a necktie.**
  左の男性はネクタイをしています。
- **Two of the four are wearing glasses.**
  4人のうちふたりはメガネをかけています。

④ What kind of objects are on the table?
どんな物がテーブルの上にありますか?

- **There's a laptop computer on the right.**
  右手にラップトップ・コンピューターがあります。
- **There are two glasses of water as well as two coffee cups.**
  水のグラスふたつと、コーヒーカップふたつがあります。
- **The woman on the left has a schedule book open.**
  左手の女性は、スケジュール帳を開いています。

⑤ Is this a serious meeting?
これは真剣な打ち合わせでしょうか?

- **At the moment they are all laughing.**
  いま現在、彼らはみんな笑っています。
- **Right now everybody in the picture is smiling.**
  いまは、写真の中の全員がほほえんでいます。
- **It doesn't look like it.**
  そういうふうには見えません。

💬 vocabulary

① **professionally**「職業的に」 **interview**「面接」 ② **meeting**「打ち合わせ」 ③ **light-colored**「薄い色の」 **glasses**「メガネ」 ④ **object**「物体；物」 **laptop**「ラップトップ型の」 ⑤ **serious**「重大な；真剣な」 **laugh**「笑う」 **smile**「ほほえむ」

2 ひとりで言ってみよう

track 016

スピーチ 1

This picture shows four people sitting around a table. It's not likely they are students, since all four people are dressed very professionally. The two women are wearing light-colored suits. Not only that, the man on the left is wearing a necktie. My guess is that these people all work together.

この写真には、テーブルの周りに座っている4人の人物が写っています。彼らは学生のようには見えません。なぜなら、4人全員がとてもプロフェッショナルな服装をしているからです。ふたりの女性は薄い色のスーツを着ています。さらに、左の男性はネクタイをしています。おそらく、この人たちはみんないっしょに働いているのだと思います。

👍 表現のポイント

場所・位置・方向を述べる　**around** …「…の周りに」
推量・想像を述べる　**It's not likely** …「…ではなさそうだ」
理由を述べる　**since** …「…なので」
進行形で表現する　**are wearing**「着用している」
追加する　**Not only that,** …「それだけではなく…」
場所・位置・方向を述べる　**on the left**「左の」
推量・想像を述べる　**My guess is that** …「私の推測では…だ」

スピーチ 2

The four people in the picture are almost certainly discussing business. At the moment the meeting doesn't look very serious. Right now everybody in the picture is smiling. Maybe someone just said a funny joke.

写真の４人は、ほぼ確実に仕事について話し合っています。いま現在、打ち合わせはそれほど真剣には見えません。いま、写真のみんなはほほえんでいます。たぶん、だれかがおかしなジョークをひとつ言ったのでしょう。

＊ funny joke「おかしなジョーク」

👍 表現のポイント

確信を述べる　almost certainly「ほぼ確実に」
時間・時刻の表現　At the moment ...「いまは；現在は」
推量・想像を述べる　doesn't look ...「…に見えない」
時間・時刻の表現　Right now ...「ちょうどいま」
推量・想像を述べる　Maybe「たぶん；おそらく」
経験・完了・過去を述べる　just said「（ちょうど）言ったところだ」

スピーチ 3

The man in the middle is holding a piece of paper. A laptop computer is open in front of the man on the right. The woman on the left has a schedule book open. Although they seem to be having a good time, they are definitely here on business.

真ん中の男性はひと切れの紙を握っています。右手の男性の前では、ラップトップ・コンピューターが開いています。左手の女性はスケジュール帳を開いています。彼らは楽しく過ごしているように見えますが、絶対にここには仕事できています。

＊ have ... open「…を開いている」open は形容詞。　have a good time「楽しく過ごす」
　on business「仕事で」

👍 表現のポイント

場所・位置・方向を述べる　in the middle「真ん中の」
進行形で表現する　is holding「握っている」
場所・位置・方向を述べる　in front of ...「…の前で；正面で」
　　　　　　　　　　　　on the right「右側の」
　　　　　　　　　　　　on the left ...「左側の」
逆接・順接で述べる　Although, A, B.「AだけれどもB」
進行形で表現する　seem to be having「過ごしているようだ」
確信を述べる　definitely「絶対に；確実に」

UNIT 9 Sashimi for Dinner
夕食の刺身

1 質問に答えてみよう

🔊 track 017

① **What kind of food is this?**
これはどんな食べ物ですか？

- **This is a plate of raw fish called** *sashimi*.
  これは刺身と呼ばれる生魚の料理です。
- ***Sashimi*. It's one of the most famous Japanese foods.**
  刺身です。日本でもっとも有名な食べ物のひとつなんです。
- **It's raw fish. It's generally sliced thinly.**
  生の魚です。一般的に、薄くスライスされます。

② **How is this food usually eaten?**
この食べ物は、ふつう、どのように食べられるのですか？

- **Typically, it is dipped in soy sauce.**
  一般的には、お醤油にちょっとつけます。
- **It's normally eaten with soy sauce and horseradish.**
  ふつうは、お醤油とわさびで食べられます。
- **Unlike** *sushi*, *sashimi* **is always eaten using chopsticks.**
  スシとは違って、刺身は必ずお箸を使って食べられます。

Unit 9 Sashimi for Dinner

③ What types of fish are pictured here?
ここにはどんな魚が写っていますか？

- **The fish in the very center is tuna.**
  ど真ん中の魚はマグロです。
- **The fish in front of the tuna is mackerel.**
  マグロの前の魚はサバです。
- **Next to the mackerel on the right is sweet shrimp.**
  サバの右隣には甘エビがあります。

④ Which of these are your favorite?
この中のどれがあなたの好みですか？

- **I like the small, round fish eggs, called *ikura*, the best.**
  小さくて丸い、イクラと呼ばれる魚卵がいちばん好きです。
- **Tuna is my very favorite.**
  マグロがとても気に入っています。
- **I like the scallops on the right more than anything.**
  右手のホタテがなによりも好きです。

⑤ Do all Japanese people eat raw fish?
すべての日本人が生魚を食べるのですか？

- **Some Japanese people don't like *sashimi*.**
  刺身が好きでない日本人もいます。
- **I would say 90% of Japanese people eat it.**
  90％の日本人が食べるでしょう。
- ***Sashimi* is not so popular among children, I think.**
  刺身は子どもたちの間ではそれほど人気がないと思います。

🗨 vocabulary

① a plate of ... 「ひと皿の…；1人前の…」　raw 「生の」　called ... 「…と呼ばれる」　thinly 「薄く」
② Typically, ... 「一般的には…」　be dipped 「さっとつけられる；浸される」　normally 「通常は；ふつうは」　horseradish 「わさび」　using ... 「…を使いながら」　chopsticks 「箸」　③ tuna 「マグロ」　mackerel 「サバ」　sweet shrimp 「甘エビ」　④ scallop 「ホタテ」　⑤ I would say ... 「…だろうと思う」

▶▶▶ 43

第1部　スピーキングトレーニング編

2　ひとりで言ってみよう

track 018

スピーチ 1

This is a plate of raw fish called *sashimi*. It is **one of the most famous** Japanese food**s**. Raw fish is considered a delicacy, and can be quite expensive. A portion like the one in this picture **probably costs as much as 5,000 yen**. *Sashimi* is **so** expensive I only eat it on special occasions.

これは刺身と呼ばれる生魚の料理です。日本の食べ物の中でもっとも有名なもののひとつなんです。生魚はごちそうと考えられていて、かなり高価な場合もあります。この写真のようなひと盛りは、おそらく5千円ほどもします。刺身はとても高いので、私は特別なときにしか食べません。

* delicacy「ごちそう；おいしいもの；珍味」　a portion「ひと盛り」　cost「費用がかかる」
  special occasion「特別なとき」

👍 表現のポイント

全体像を述べる　This is a plate of ...「これは…の料理だ」
目立つ点・特徴を述べる／比較して述べる　one of the most famous -s「もっとも有名な…のひとつだ」
推量・想像を述べる　probably「おそらく」
数・量・割合を表現する　costs as much as 5,000 yen「5千円ほどもかかる」
理由を述べる　so A (that) B「とてもAなのでB」

Unit 9 Sashimi for Dinner

スピーチ 2

Presentation of food is very important in Japanese cuisine. For example, in this picture we can see several flowers and leaves used as decoration. Raw fish like this is generally sliced very thinly and normally eaten with soy sauce and horseradish.

日本料理では、食べ物の見栄えが非常に重要です。例えば、この写真では、いくつかの花や葉っぱが飾りつけに使われているのがわかります。このような生魚は一般に薄くスライスされ、通常、お醤油とわさびで食べられます。

* presentation 「(人に出すときの食べ物の)見栄え・体裁」　Japanese cuisine 「日本料理」

表現のポイント

重要性を述べる　... is very important 「…は非常に重要だ」
例示する　For example, ... 「例えば…」
数・量・割合・金額を表現する　several 「いくつかの」
例示する　... like this 「こういった…」
受け身で表現する　is sliced and eaten 「スライスして食べられる」
傾向・習慣を述べる　generally 「一般に；だいたい」
　　　　　　　　　normally 「通常は；ふつうは」

スピーチ 3

Even though *sushi* is a traditional Japanese food, some Japanese don't like *sashimi*. The fish in the very center is tuna. This is a popular fish for many. Personally, I like the small, round fish eggs, called *ikura*, the best.

スシは日本の伝統食ではあるのですが、日本人の中には刺身が好きでない人もいます。ど真ん中の魚はマグロです。これは多くの人に人気の魚です。個人的には、小さくてまるいイクラと呼ばれる魚卵がいちばん好きなんです。

* personally 「個人的には」

表現のポイント

逆接・順接で述べる　Even though ... 「…であっても」
伝統に言及する　traditional 「伝統的な」
好みを述べる　don't like ... 「…が好きではない」
場所・位置・方向を述べる　in the very center 「ちょうど真ん中の；ど真ん中の」
目立つ点・特徴を述べる　popular 「人気のある」
好みを述べる　Personally, I like ... 「個人的には…が好きだ」

UNIT 10 At the Beach
ビーチで

1 質問に答えてみよう

🔊 track 019

① What is this couple doing?
このカップルはなにをしていますか？

- **This couple is spending the day at the beach.**
  このカップルはビーチで一日を過ごしています。
- **They are lying on beach towels.**
  彼らは、ビーチタオルの上に横になっています。
- **They are enjoying each other's company.**
  彼らはいっしょにいることを楽しんでいます。

② How's the weather?
お天気はどうですか？

- **It's a gorgeous day.**
  すばらしい天気の日です。
- **It looks sunny and warm.**
  晴れて暖かく見えます。
- **There isn't a cloud in the sky.**
  空には雲ひとつありません。

③ Why is the man smiling?
男性はどうしてほほえんでいるのですか?

- **The man is smiling because the woman is taking his picture.**
  女性が彼の写真を撮っているので、男性はほほえんでいます。
- **The woman probably told him to say "cheese."**
  おそらく女性が「チーズ」と言って、と彼に言ったのでしょう。
- **He's smiling because he is happy to be there with her.**
  彼女といっしょにそこにいてうれしいので、ほほえんでいるのです。

④ Could they be on their honeymoon?
彼らがハネムーン中の可能性はありますか?

- **It's possible. On the other hand, they could be on a date.**
  あり得ますね。しかし、デートかもしれません。
- **I don't think so, because the man isn't wearing a wedding ring.**
  そうは思いません。男性は結婚指輪をしていませんから。
- **In my opinion, they look too young to be married.**
  私の意見では、彼らは結婚するには若すぎると思います。

⑤ What are they wearing?
彼らはなにを身につけていますか?

- **The man is wearing shorts, a tank top and a hat.**
  男性は半ズボン、タンクトップと帽子を身につけています。
- **The woman is wearing a bathing suit and sunglasses.**
  女性は水着とサングラスを身につけています。
- **I imagine they are both wearing sunscreen.**
  彼らのどちらも、日焼け止めを塗っていると思います。

💬 vocabulary

① spend「過ごす」　beach towel「ビーチタオル」　company「いっしょにいること」
② gorgeous「すばらしい」　sunny and warm「晴れて暖かい」　cloud「雲」　④ be on one's honeymoon「…のハネムーン中だ」　wedding ring「結婚指輪」　be married「結婚する・している」
⑤ bathing suit「水着」　sunscreen「日焼け止め」

2 ひとりで言ってみよう

🔊 track 020

スピーチ 1

This couple is spending a day at the beach. It looks like **a great day to be at the beach.** The weather looks beautiful. **There isn't a cloud in the sky.** I imagine **they are both wearing sunscreen.** I'm jealous that **they are there and not me!**

このカップルはビーチで一日を過ごしています。ビーチで過ごすにはすばらしい日のようです。お天気はすばらしいようです。空には雲ひとつありません。彼らはどちらも日焼け止めを塗っているでしょう。私ではなく、彼らがそこにいるのがうらやましいです!
* jealous「うらやましい;妬んで;嫉妬して」

👍 表現のポイント

推量・想像を述べる　**It looks like ...**「…のようだ」
気象・天候の表現　**The weather looks beautiful**「すばらしい天気のようだ」
存在を表す／気象・天候の表現　**There isn't a cloud**「雲がひとつもない」
推量・想像を述べる　**I imagine ...**「…と想像する」
共通・類似・同一に言及する　**they are both ...**「彼らはどちらも…」
進行形で表現する　**are wearing**「塗っている」
意見・感想を述べる　**I'm jealous that ...**「…ということがうらやましい」

Unit 10 At the Beach

スピーチ 2

This picture shows a couple on the beach. It looks sunny and warm. The woman appears to be taking his picture. The woman probably told him to say "cheese." I don't know if they're married or not, but they are obviously happy together.

この写真にはビーチのカップルが写っています。いい天気で暖かい様子です。女性は彼の写真を撮っているように見えます。おそらく女性は「チーズ」と言うように、彼に言ったのでしょう。彼らが結婚しているかどうかはわかりませんが、明らかにいっしょにいて幸せそうです。

👍 表現のポイント

全体像を述べる　This picture shows ...「この写真は…を見せている；写している」
気象・天候の表現　sunny and warm「晴れて暖かい」
推量・想像を述べる　appears to ...「…するようだ」
進行形で表現する　be taking「撮影している」
推量・想像を述べる　probably「おそらく；たぶん」
疑問・不明を述べる　I don't know if ...「…かどうかわからない」
述べる　obviously「明らかに」

スピーチ 3

Here is a man and woman lying on the beach. They could be on their honeymoon. On the other hand, they could be on a date. In my opinion they look too young to be married. Regardless, they seem to be having a good time together.

ここには、ビーチで横になっている男女がいます。ハネムーン中なのかもしれません。一方、デート中なのかもしれません。私の意見では、彼らは結婚しているにしては若すぎるようです。いずれにしても、ふたりはいっしょにいて楽しい時間を過ごしているようです。

👍 表現のポイント

全体像を述べる／存在を表す　Here is ...「ここに…がいる；ある」
推量・想像を述べる　could ...「…かもしれない」
対照する　On the other hand, ...「他方で…；あるいは…」
意見・感想を述べる　In my opinion ...「私の意見では…；私に言わせれば…」
推量・想像を述べる　look ...「…に見える」
逆接・順接で述べる　Regardless, ...「それにもかかわらず…；いずれにせよ…」
進行形で表現する　seem to be having「過ごしているようだ」

UNIT 11 At the Register
レジで

🔊 track 021

1　質問に答えてみよう

①

Where is this middle-aged woman at?
この中年女性はどこにいますか？

- **She's standing at the register of a supermarket.**
  彼女はスーパーのレジに立っています。
- **She's at a grocery store.**
  彼女は食料雑貨店にいます。
- **She's at the register of a store.**
  彼女は店のレジにいます。

②

What is she doing?
彼女はなにをしていますか？

- **It looks like she just finished shopping.**
  彼女は、ちょうど買い物を終えたところのようです。
- **She's buying groceries.**
  彼女は食料品を買っています。
- **She's paying for her purchases.**
  彼女は買った物の支払いをしています。

Unit 11 At the Register

③ What is in her shopping basket?
彼女の買い物カゴにはなにが入っていますか?

- **It looks like she bought quite a few things.**
  かなりたくさんの物を買ったようです。
- **It's hard to be sure, but they look like vegetables.**
  はっきり言うのは難しいですが、野菜のようです。
- **I think there might be some fruit in the basket.**
  カゴの中にはフルーツもいくらかあるかもしれないと思います。

④ How is the customer paying?
その客はどうやって支払っていますか?

- **She's using her credit card.**
  彼女はクレジットカードを使っています。
- **It appears that she is using a credit card.**
  クレジットカードを使っているように見えます。
- **On the other hand, she's holding a coin purse.**
  しかし一方で、彼女は小銭入れを握っています。

⑤ How would you compare the two women?
あなたなら、ふたりの女性を、どのように比較しますか?

- **The woman on the left is a customer.**
  左の女性はお客さんです。
- **The dark-haired girl on the right works there.**
  右の黒髪の女性は、そこで働いています。
- **The woman on the left is much older.**
  左の女性のほうがずっと年上です。

💬 vocabulary

① register「レジ」 grocery store「食料雑貨店」 ② groceries「食料雑貨類；食料品」 pay for ...「…の支払いをする」 purchases「購入品；買った物」 ③ quite a few ...「かなりの…」 vegetable「野菜」 fruit「果物」総称的に不可算扱い。 ④ coin purse「小銭入れ」 ⑤ compare「比較する；見比べる」 customer「客」

2 ひとりで言ってみよう

🔊 track 022

スピーチ 1

The woman on the left is a customer. She's standing at the register of a supermarket. She just finished shopping. It looks like she bought quite a few things. Her shopping basket is full.

左の女性はお客さんです。彼女はスーパーのレジに立っています。ちょうど買い物を終えたところです。かなり多くの物を買ったように見えます。彼女の買い物カゴはいっぱいです。
* full「いっぱいの；満杯の」

👍 表現のポイント

場所・位置・方向を述べる　on the left「左の」
進行形で表現する　is standing at ...「…に立っている」
経験・完了・過去を述べる　just finished「ちょうど終えた」
推量・想像を述べる　It looks like ...「…のようだ」
数・量・割合を表現する　quite a few ...「かなり多くの…」

Unit 11 At the Register

スピーチ 2

This is a picture of a middle-aged woman at a store. Her shopping basket is full of groceries. It's hard to be sure, but they look like vegetables. In addition, I think there might be some fruit. I wonder if she's getting a senior-citizen's discount.

これは店にいる中年女性の写真です。彼女の買い物カゴは食料品でいっぱいです。はっきり言うのは難しいですが、買った物は野菜に見えます。さらに、フルーツもいくらかあるかもしれないと思います。彼女は高齢者割引を受けているのでしょうか？
* be full of ...「…でいっぱいだ」　senior-citizen's discount「高齢者割引」

👍 表現のポイント

全体像を述べる　This is a picture of ...「これは…の写真だ」
疑問・不明を述べる　It's hard to be sure, but ...「確信するのは難しいが…」
推量・想像を述べる　look like ...「…のようだ；…に見える」
追加する　In addition, ...「さらに…」
意見・感想を述べる　I think ...「…だと思う」
推量・想像を述べる　might ...「…かもしれない」
疑問・不明を述べる　I wonder if ...「…だろうか？」

スピーチ 3

The woman on the left is at the check-out counter. She was obviously grocery shopping. Now, she's paying for her purchases. It appears she is using her credit card. On the other hand, she's holding a coin purse. The card might be a membership card.

左手の女性はレジにいます。彼女が食料品の買い物をしていたのは明らかです。いま、彼女は買った物の支払いをしています。彼女はクレジットカードを使っているようです。しかし一方で、彼女は小銭入れを握っています。カードはメンバーズカードなのかもしれません。
* check-out counter「レジ」　membership card「メンバーズカード」

👍 表現のポイント

場所・位置・方向を述べる　on the left「左側の」
存在を表す　A is at B「AがBにいる」
確信を述べる　obviously「明らかに」
時間・時刻の表現　Now, ...「いま…」
推量・想像を述べる　It appears ...「…のようだ」
対照する　On the other hand, ...「他方…；あるいは…」
推量・想像を述べる　might ...「…かもしれない」

UNIT 12 Fireworks Over Tokyo
東京の花火

🔊 track 023

1 質問に答えてみよう

① What is this a picture of?
これはなんの写真ですか？

- **It's a picture of downtown Tokyo.**
  東京都心の写真です。
- **It's a picture of Tokyo Tower.**
  これは東京タワーの写真です。
- **This picture shows the Tokyo skyline.**
  この写真には東京の街並みが写っています。

② What time of day is it?
一日のどの時間帯ですか？

- **It's dark, so it must be nighttime.**
  暗いので、夜間に違いありません。
- **It's late at night, because the buildings are lit up.**
  夜遅くです。なぜなら、ビルに明かりがついているからです。
- **I think it's around eight o'clock.**
  8時頃だと思います。

Unit 12 Fireworks Over Tokyo

③ What is the weather like?
お天気はどうですか？

- **It's a beautiful night.**
  すばらしい夜です。
- **The weather is clear and calm.**
  お天気は晴れていて穏やかです。
- **There's no way to say for sure, because it's dark.**
  はっきりと言うことはできません。なぜなら外が暗いから。

④ Is Tokyo Tower the tallest building in Japan?
東京タワーは日本でいちばん高いビルですか？

- **It used to be the tallest in Japan, but now Tokyo Skytree is even taller.**
  以前は日本一の高さでしたが、いまは東京スカイツリーがさらに高いのです。
- **Tokyo Skytree is taller.**
  東京スカイツリーのほうが高いです。
- **Tokyo Skytree is now the tallest. It was built in 2012.**
  東京スカイツリーがいまはもっとも高いです。2012年に建てられました。

⑤ What are the other tall buildings?
ほかの高いビルはなんですか？

- **They are mostly office buildings.**
  ほとんどはオフィスビルです。
- **Some of them are apartment buildings.**
  いくつかはアパートの建物です。
- **Most of them are either office or apartment buildings.**
  ほとんどが、オフィスビルかアパートの建物です。

💬 vocabulary

① **What is this a picture of ?** は This is a picture of ... の疑問文。 **downtown**「都心；中心部；商業地区；繁華街」 **skyline**「空を背景とした高層ビル群や山などのシルエット」 ② **be lit up**「電灯などで明るくされている」 ③ **clear**「晴れた；快晴の」 **calm**「穏やかな；風のない」 ④ **be built**「建てられる」 ⑤ **either A or B**「AかBのどちらか」

▶▶▶ 55

2 ひとりで言ってみよう

🔊 track 024

スピーチ 1

This is a picture of downtown Tokyo. It's late at night, **because the buildings** are lit up. On the right, **Tokyo Tower** is brightly illuminated. There are **also fireworks going off in the sky.**

これは東京都心の写真です。ビルに明かりがついているので、夜遅くです。右手では、東京タワーが明るくイルミネーションされています。空には、花火も上がっています。
* go off「打ち上がる；発射される」

👍 表現のポイント

全体像を述べる　This is a picture of ...「これは…の写真だ」
理由を述べる　because ...「…なので」
受け身で表現する　are lit up「明かりで照らされている」
場所・位置・方向を述べる　On the right, ...「右手には…」
受け身で表現する　is brightly illuminated「明るく照らされている」
存在を表す　There are ...「…がある」

Unit 12 Fireworks Over Tokyo

スピーチ 2

This picture shows the Tokyo skyline. Some beautiful fireworks **are pictured on the left**. The fireworks **could** be from Tokyo Bay. It's a **clear and calm** night, perfect for shooting off fireworks.

この写真には東京の街並みが写っています。左には、いくつかの美しい花火が描かれています。花火は東京湾からのものかもしれません。晴れて穏やかな、花火の打ち上げには最高の夜です。
＊ picture「(絵や写真などで) 描く」 perfect「完璧な；最高の」

👍 表現のポイント

全体像を述べる　This picture shows ...「この写真は…を表している」
受け身で表現する　are pictured「写されている；描かれている」
場所・位置・方向を述べる　on the left「左に」
推量・想像を述べる　could ...「…かもしれない」
気象・天候の表現　clear and calm「晴れて静かな (風のない)」

スピーチ 3

Tokyo is very beautiful at night. It has many skyscrapers and tall buildings. **Most of** them are either office or apartment buildings. **The tallest** building in this picture is Tokyo Tower. It **used to be** the tallest in Japan, **but now** Tokyo Skytree is **even taller**.

夜の東京はとても美しいです。多くの摩天楼や高層ビルがあります。ほとんどのビルはオフィスかアパートの建物です。この写真で最も高い建物は東京タワーです。かつては日本一の高さでしたが、いまは東京スカイツリーがさらに高いんです。
＊ skyscraper「超高層ビル；摩天楼」

👍 表現のポイント

目立つ点・特徴を述べる　is very beautiful at night「夜には非常に美しい」
存在を表す　It has many ...「たくさんの…がある」
数・量・割合を表現する　Most of ...「…のほとんど」
比較して述べる　The tallest ...「もっとも背の高い…」
経験・完了・過去を述べる　used to be ...「かつては…だった」
逆接・順接で述べる　but now ...「しかしいまは…」
比較して述べる　even taller「さらに高い」

UNIT 13 Tourists in London
ロンドンの旅行者

🔊 track 025

1 質問に答えてみよう

①
Can you describe this picture?
この写真を説明してもらえますか?

- **A couple is standing in front of a phone booth.**
  ひと組のカップルが電話ボックスの前に立っています。
- **This is a sidewalk somewhere in England.**
  これは英国のどこかにある歩道です。
- **I'm confident this is a scene in London.**
  これがロンドンの風景だということには自信があります。

②
What's the weather like?
お天気はどうですか?

- **It must be raining, since the woman is holding an umbrella.**
  雨が降っているに違いありません。女性が傘を持っていますから。
- **The street looks wet, so it's raining for sure.**
  通りは濡れているようですから、確かに雨が降っています。
- **It's raining, but not very hard.**
  雨は降っていますが、それほどひどくはありません。

Unit 13 Tourists in London

③ **Do you think this couple is from London?**
このカップルはロンドンの人たちだと思いますか？

- **I don't believe so, because they're holding a map.**
  そうは思いません。地図を持っていますから。
- **It's likely they are tourists on vacation.**
  おそらく休暇旅行をしている旅行者でしょう。
- **Probably not. But, the woman is laughing, so they can't be lost.**
  おそらく違います。しかし、女性は笑っているので、道に迷っているはずはありません。

④ **Are they near a station?**
彼らは駅の近くにいますか？

- **They might be, since there's a phone booth.**
  そうかもしれません。電話ボックスがありますから。
- **It's possible. They could be looking at a subway map.**
  それはあり得ます。彼らは地下鉄の路線図を見ているのかもしれません。
- **I'm not sure. If a station is nearby, it's not a busy one.**
  よくわかりません。駅が近いのなら、にぎわった駅ではありません。

⑤ **Is it a warm day?**
暖かい日ですか？

- **It's definitely cold. The woman is wearing a scarf.**
  絶対に寒いです。女性はマフラーを身につけています。
- **It can't be warm because they are wearing coats.**
  彼らはコートを着ているので、暖かいはずがありません。
- **It's not too cold, since they're not wearing gloves.**
  手袋をしていないので、厳しい寒さではありません。

vocabulary

① describe「特徴を述べる；状況を説明する；説明する；描写する」 phone booth「電話ボックス」 somewhere in ...「…のどこかの」 confident「自信のある」 scene「光景；風景」
② for sure「確かに」 ③ tourist「旅行者」 vacation「休暇旅行」 be lost「道に迷っている」
④ subway map「地下鉄の路線図」 ⑤ scarf「マフラー」 gloves「手袋」

2 ひとりで言ってみよう

track 026

スピーチ 1

This is a sidewalk somewhere in England. A couple are standing in front of a phone booth. It's probably in London. London is known for its bad weather. All of the people in this picture are using umbrellas. It's raining, but not very hard.

これは英国のどこかの歩道です。ひと組のカップルが電話ボックスの前に立っています。おそらくロンドンでしょう。ロンドンはお天気が悪いことで知られています。この写真の人はみんな傘を使っています。雨は降っていますが、それほどひどくはありません。

👍 表現のポイント

場所・位置・方向を述べる　somewhere in ...「…のどこかの」
　　　　　　　　　　　　in front of ...「…の前に」
推量・想像を述べる　probably「おそらく；たぶん」
目立つ点・特徴を述べる　is known for ...「…で知られている」
共通・類似・同一に言及する　All of ...「…のすべてが」
進行形で表現する／気象・天候の表現　It's raining「雨が降っている」
逆接・順接で述べる　but ...「が…；しかし…」

スピーチ 2

Both the man and the woman are looking at a map. The woman is laughing, so they can't be lost. It seems like they are deciding where to go. It's likely they are tourists on vacation. It's not a nice day for sightseeing. It's cold and rainy.

男性も女性も地図を見ています。女性が笑っているので、道に迷っているはずはありません。どこに行くかを決めているように見えます。おそらく休暇旅行中の旅行者でしょう。観光にはいい日ではありません。寒くて雨が降っています。

👍 表現のポイント

共通・類似・同一に言及する　Both A and B「AとBのどちらも」
進行形で表現する　are looking at ...「…を見ている」
逆接・順接で述べる　so ...「なので…」
推量・想像を述べる　It seems like ...「…のようだ」
進行形で表現する　are deciding「決めているところだ」
推量・想像を述べる　It's likely ...「おそらく…だ」
気象・天候の表現　It's not a nice day for ...「…によい日ではない」
　　　　　　　　cold and rainy「寒くて雨模様の」

スピーチ 3

Most people have cell phones now, so phone booths are rare. It's possible they are near a subway station. They could be looking at a subway map. The street's not very crowded. If a station is nearby, it's not a busy one.

いまは、ほとんどの人が携帯電話を持っているので、電話ボックスは稀です。彼らは地下鉄の駅の近くにいるのかもしれません。地下鉄の地図を見ているのかもしれません。通りはそれほど混雑していません。もし駅が近いのなら、あまりにぎわった駅ではありません。

👍 表現のポイント

数・量・割合を表現する　Most ...「ほとんどの…」
逆接・順接で述べる　..., so ...「…なので…」
推量・想像を述べる　It's possible ...「…かもしれない」
場所・位置・方向を述べる　near ...「…の近くに」
推量・想像を述べる　could ...「…かもしれない」
進行形で表現する　be looking at ...「…を見ている」
仮定する　If A, B.「AならばB」

UNIT 14: At the Vending Machine
自動販売機で

1 質問に答えてみよう

track 027

①
What is this woman doing?
この女性はなにをしていますか？

- **This woman is buying a drink from a vending machine.**
  この女性は自動販売機で飲み物を買っています。
- **She's pushing a button.**
  彼女はボタンを押しているところです。
- **She's choosing a soft drink.**
  ソフトドリンクをひとつ選んでいます。

②
How often do you use vending machines?
どのくらいの頻度で自販機を使いますか？

- **I use the vending machine at work every day.**
  職場で毎日、自動販売機を使います。
- **I only buy an iced coffee once in a while.**
  時折アイスコーヒーを買うだけです。
- **I rarely use vending machines.**
  自動販売機は滅多に使いません。

Unit 14 At the Vending Machine

③ Are vending machines common in Japan?
自動販売機は日本では一般的ですか?

- **Yes, they are extremely common.**
  はい、ものすごく一般的です。
- **Japan is famous for having many vending machines.**
  日本は自販機がたくさんあることで有名です。
- **You can find them on almost every street corner.**
  自販機は、街のあらゆるところにあります。

④ What kind of other vending machines are there in Japan?
日本にはほかにどんな種類の自販機がありますか?

- **Besides soft drinks, you can buy cigarettes or alcohol.**
  清涼飲料水のほかに、タバコやアルコールも買えます。
- **You can also buy things like iced cream.**
  アイスクリームのようなものも買えます。
- **Some vending machines sell things like umbrellas or batteries.**
  傘やバッテリーといったものを売っている自販機もあります。

⑤ Is there anything special about Japanese vending machines?
日本の自販機でなにか特別な点はありますか?

- **One good thing is, you can buy hot drinks in the wintertime.**
  ひといいところは、冬に熱い飲み物が買える点です。
- **One benefit is you can use them 24 hours a day.**
  ひとつの利点は、24時間使えることです。
- **I like that most vending machines offer many choices.**
  ほとんどの自販機が多くの選択肢を与えてくれるのが気に入っています。

💬 vocabulary

① **vending machine**「自動販売機」 **push**「押す」 **soft drink**「清涼飲料水」 ② **iced coffee**「アイスコーヒー」 **rarely ...**「滅多に…ない」 ③ **extremely**「極度に；極端に」 **on almost every street corner**「街角のあらゆるところに」 ④ **battery**「バッテリー」 ⑤ **special**「特別な」 **offer**「提供する」 **choice**「選択肢」

2 ひとりで言ってみよう

🔊 track 028

スピーチ 1

In this picture, a woman is buying a drink from a vending machine. It's dark in the picture, so it's probably late evening. The machine is lit up. Japan is famous for having many vending machines. You can find them on almost every street corner. Most train stations and offices have them too.

この写真では、女性が自動販売機で飲み物を買っています。写真の中は暗いので、おそらく夕方遅くでしょう。機械に明かりがついています。日本は、多くの自販機があることで有名です。ほとんど街のどこにでもあるのです。ほとんどの駅とオフィスにも自動販売機があります。

＊ be lit up「明かりがつけられている」

👍 表現のポイント

全体像を述べる　**In this picture, ...**「この写真では…」
進行形で表現する　**is buying**「購入している」
逆接・順接で述べる　**..., so ...**「…なので…」
推量・想像を述べる　**probably**「おそらく」
時間・時刻の表現　**late evening**「夕方遅く」
受け身で表現する　**The machine is lit up**「機械に明かりがついている」
目立つ点・特徴を述べる　**is famous for ...**「…で有名だ」
数・量・割合を表現する　**Most ...**「ほとんどの…」

Unit 14 At the Vending Machine

スピーチ 2

The woman in this picture is choosing a soft drink. In Japan, besides soft drinks, you can buy cigarettes or even alcohol. I hear that in the US, vending machines are usually only in hotels or stores. However in Japan they are everywhere. Some vending machines sell things like umbrellas or batteries too.

この写真の女性は清涼飲料水を選んでいます。日本では、ソフトドリンクのほか、タバコやお酒まで購入できます。アメリカでは自販機はふつうホテルや店にしかないと聞いています。しかし日本では、どこにでもあるのです。傘やバッテリーといったものを売っている自販機もあります。
* everywhere「どこにでも」

👍 表現のポイント

進行形で表現する　is choosing「選んでいるところだ」
追加する　besides ...「…に加えて；…のほかに」
伝聞を述べる　I hear that ...「…だと聞いている」
傾向・習慣を述べる　usually「たいてい；ふつう」
逆接・順接で述べる　However ...「しかしながら…」
存在を表す　... are everywhere「…はどこにでもある」
例示する　like ...「…といった」

スピーチ 3

Vending machines in Japan are very convenient. One good thing is you can buy hot drinks in the wintertime. You can buy hot soup and a cold drink from the same machine! Another benefit is, you can use them 24 hours a day. I use the vending machine at work every day.

日本の自動販売機はとても便利です。ひとついい点は、冬の時期に熱い飲み物が買えることです。熱いスープや冷たい飲み物が同じ機械から買えるのです! 24時間使えるところがもうひとつの利点です。私は職場で自販機を毎日使っています。
* convenient「便利な」

👍 表現のポイント

目立つ点・特徴を述べる　... are very convenient「…はとても便利だ」　One good thing is ...「よい点は…だ」
気象・天候・季節の表現　in the wintertime「冬の時期には」
共通・類似・同一に言及する　the same ...「同じ…」
目立つ点・特徴を述べる　Another benefit is, ...「もうひとつの利点は…」
傾向・習慣を述べる　use「使っている」現在形で習慣を表す。
頻度を述べる　every day「毎日」

UNIT 15 The Statue of Liberty
自由の女神

🔊 track 029

1 質問に答えてみよう

① **What are these people doing?**
この人たちは、なにをしているのですか？

- **These two people are taking their picture.**
  このふたりは自分たちの写真を取っています。
- **This couple is taking a "selfie."**
  このカップルは自撮り写真を撮っています。
- **They are taking a photo or video.**
  彼らは写真かビデオを撮っています。

② **Why are they taking a picture?**
彼らはどうして写真を撮っているのですか？

- **Because they are standing in front of the Statue of Liberty.**
  彼らが自由の女神の前に立っているからです。
- **They want to remember this experience.**
  彼らはこの体験を記憶に留めたいのです。
- **They probably want to post it on Facebook.**
  おそらくFacebookに写真を投稿したいのでしょう。

▶▶▶ 66

Unit 15　The Statue of Liberty

③ Where are they?
彼らはどこにいますか？

- **They are in New York City.**
  彼らはニューヨーク市にいます。
- **They are at Liberty Island.**
  彼らはリバティー島にいます。
- **They are at a park in front of the Statue of Liberty.**
  自由の女神像の前の公園にいます。

④ Have you ever been to New York City?
あなたはニューヨーク市に行ったことがありますか？

- **No. But I would love to visit there someday.**
  いいえ。でも、いつかそこを訪れたいです。
- **I'm going there in two months. I can't wait to see it.**
  2カ月後にそこへ行きます。訪れるのが待ちきれません。
- **Actually, I've been there many times.**
  実は、何度も行っているんです。

⑤ Where are they from?
彼らはどこから来たのでしょう？

- **I have no idea. They could be from anywhere.**
  わかりません。来た場所はなんとも言えません。
- **They might be tourists from abroad.**
  彼らは海外からの旅行者かもしれません。
- **They could be Americans who live outside New York City.**
  ニューヨーク市の外に住んでいるアメリカ人かもしれません。

🗨 vocabulary

① selfie「自撮り写真」　② remember「記憶に留める」　post「投稿する」　Facebook「フェイスブック」SNSサービスの一種。　③ Liberty Island「リバティ島」自由の女神のある島。　④ someday「いつの日にか」　see「見る；見物する；場所を訪れて見る」　have been there「行ったことがある」　⑤ could be from anywhere「どこからでも来た可能性がある；どこから来たかわからない」　outside ...「…の外に」

2 ひとりで言ってみよう

track 030

スピーチ 1

These two people are taking their picture. They are standing in front of the Statue of Liberty. They are at Liberty Island. The Statue of Liberty is a popular place for people to visit.

このふたりは自分たちの写真を撮影しています。彼らは自由の女神像の前に立っています。彼らはリバティ島にいます。自由の女神は人々に人気の観光地なんです。

👍 表現のポイント

進行形で表現する　are taking「撮影している」
　　　　　　　　　are standing「立っている」
場所・位置・方向を述べる　in front of ...「…の前に」
存在を表す／場所・位置・方向を述べる　A are/is at B「AがBにいる；ある」
目立つ点・特徴を述べる　A is a popular place for B to C「AはBがCする人気の場所だ」

Unit 15 The Statue of Liberty

スピーチ 2

This couple is taking a "selfie." They are at a park in front of the Statue of Liberty. This is one of the most famous statues in America. They might be tourists from abroad. Then again, they could be Americans who live outside New York City.

このカップルは自撮り写真を撮っています。彼らは自由の女神像の前の公園にいます。これはアメリカでもっとも有名な像のひとつです。彼らは海外からの旅行者かもしれません。しかしまた、ニューヨーク市の外に住んでいるアメリカ人の可能性もあります。

👍 表現のポイント

存在を表す　**A are/is at B**「AはBにいる；ある」
場所・位置・方向を述べる　**at A in front of B**「BのまえのAに」
比較して述べる　**one of the most famous -s**「もっとも有名な…のひとつ」
推量・想像を述べる　**might ...**「…かもしれない」
逆接・順接で述べる　**Then again, ...**「また一方では…」
推量・想像を述べる　**could ...**「…かもしれない」
関係詞で表現する　**who ...**「そしてその人たちは…」

スピーチ 3

I've heard the Statue of Liberty is a popular place to visit in New York City. I've never been there before, but I'm going there in two months. I can't wait to see it. I've also read that the Broadway shows are amazing!

自由の女神はニューヨーク市で訪れるのに人気の場所だと聞いたことがあります。以前にはそこへ行ったことがありませんが、2カ月後に行く予定です。訪問するが待ちきれません！ブロードウェーのショーもすばらしいと、読んだことがあります！

＊**Broadway**「ブロードウェー」ニューヨーク市マンハッタンにある劇場街。　**amazing**「すばらしい」

👍 表現のポイント

伝聞を述べる　**I've heard ...**「…と聞いたことがある」
目立つ点・特徴を述べる　**popular place to visit**「訪れるのに人気の場所」
経験・完了・過去を述べる　**I've never been there**「一度もそこへ行ったことがない」
逆接・順接で述べる　**but ...**「が…；けれど…」
未来時制で表現する　**I'm going**「行く予定だ」
希望・期待を述べる　**I can't wait to ...**「…が待ちきれない」
伝聞を述べる　**I've also read that ...**「…だと（記事などで）読んだこともある」

UNIT 16 Baking Christmas Cookies
クリスマスのクッキー作り

1 質問に答えてみよう

🔊 track 031

①
What does this picture show?
この写真にはなにが写っていますか？

- **A mother and daughter are baking cookies.**
  母親と娘がクッキーを焼いています。
- **The little girl is helping her mother.**
  小さな女の子が母親を手伝っています。
- **The picture shows a mother and child in the kitchen.**
  この写真にはキッチンにいる母親と子どもが写っています。

②
What ingredients are they using?
彼女たちはどんな材料を使っていますか？

- **There are some eggs in a carton.**
  カートンに入った卵がいくつかあります。
- **Next to the eggs I can see a bowl of flour.**
  卵の隣にはボウルに入った小麦粉が見えます。
- **There is probably milk or cream in the pitcher on the left.**
  左のピッチャーにはおそらく牛乳かクリームが入っているのでしょう。

▶▶▶ 70

③ How do we know they are making Christmas cookies?
どうしてクリスマスのクッキーを作っているとわかりますか？

- **Because they are both wearing Santa hats.**
  ふたりともサンタ帽をかぶっているからです。
- **Since there are poinsettia plants in the window.**
  窓にポインセチアの鉢植えがあるからです。
- **There's also a Christmas present between the two plants.**
  ふたつの植物の間にクリスマスプレゼントもあります。

④ Can you tell me how to make cookies?
クッキーの作り方を教えてくれますか？

- **First, you mix eggs, flour, butter, sugar and milk.**
  まず、卵と小麦粉、バター、砂糖、ミルクを混ぜます。
- **After that you roll the dough.**
  そのあと、生地を伸ばします。
- **Finally, you cut them into shapes and put them in the oven.**
  最後に、型に切り取ってオーブンに入れます。

⑤ Do you ever make Christmas cookies at home?
これまでに家でクリスマスのクッキーを作ったことはありますか？

- **I bake cookies often. Chocolate chip cookies are my favorite.**
  私はよくクッキーを焼きます。チョコチップのクッキーがお気に入りです。
- **I never make cookies. It's cheaper to just buy them.**
  クッキーは一度も作ったことはありません。単純に買ったほうが安いです。
- **I like to cook, but I'm not good at baking.**
  料理するのは好きですが、ベーキングが得意ではありません。

vocabulary

① bake「（オーブンなどで）焼く」 help「手伝う」 kitchen「台所」 ② ingredients「素材；材料」 carton「卵や牛乳、タバコなどの紙・段ボールなどの容器・大箱」 a bowl of ...「ボウル1杯の…」 flour「小麦粉」 ③ plant「植物」 ④ mix「混ぜる」 roll「伸ばす」 dough「生地」 into shapes「いろいろな形に」 oven「オーブン」 ⑤ cook「料理する」

2 ひとりで言ってみよう

🔊 track 032

スピーチ 1

In this picture, a mother and daughter are baking cookies. I imagine they are Christmas cookies. It looks like it's Christmas time. For example, they are both wearing Santa hats. In addition, there are poinsettia plants in the window.

．．

この写真では、母親と娘がクッキーを焼いています。クリスマスのクッキーだと思います。クリスマスの時期のようです。例えば、彼女たちはふたりともサンタ帽をかぶっています。それに、窓にポインセチアの鉢植えが置いてあります。

👍 表現のポイント

全体像を述べる　**In this picture, ...**「この写真では…」
推量・想像を述べる　**I imagine ...**「…だと想像する；思う」
　　　　　　　　　It looks like ...「…のようだ」
例示する　**For example, ...**「例えば…」
共通・類似・同一に言及する　**they are both wearing**「彼らのどちらもが身に着けている」
追加する　**In addition, ...**「その上…；加えて…」
存在を表す　**there are ...**「…がある」

Unit 16 Baking Christmas Cookies

スピーチ 2

This picture shows a little girl helping her mother in the kitchen. On the table, there are some eggs in a carton. Next to the eggs is a bowl of flour. It looks like they are making cookies, so there's probably milk or cream in the pitcher on the left.

この写真には台所で母親の手伝いをしている小さな女の子が写っています。テーブルの上には、カートンに入った卵がいくつかあります。卵の隣には、ボウルに入った小麦粉があります。ふたりはクッキーを作っているようですから、左のピッチャーにはおそらく牛乳かクリームが入っているのでしょう。

👍 表現のポイント

全体像を述べる　This picture shows ...「この写真は…を写している」
存在を表す　there are ...「…がある」
　　　　　　Next to A is B「Aの隣にBがある」
推量・想像を述べる　It looks like ...「…のようだ」
逆接・順接で述べる　..., so ...「…なので…」
推量・想像を述べる　probably「おそらく」
場所・位置・方向を述べる　on the left「左側の」

スピーチ 3

In this picture they are making Christmas cookies. Cookies are very easy to make. First, you mix eggs, flour, butter, sugar and milk. After that, you roll the dough. Finally, you cut them into shapes and put them in the oven. I bake cookies often. Chocolate chip cookies are my favorite!

この写真では、彼女たちはクリスマスのクッキーを作っています。クッキー作りはとてもかんたんんです。まず、卵と小麦粉、バター、砂糖、ミルクを混ぜます。そのあと、生地を伸ばします。最後に型に切り取ってオーブンに入れます。私はよくクッキーを焼きます。チョコチップのクッキーが私のお気に入りなんです。
＊ easy to make「作るのがかんたん」

👍 表現のポイント

全体像を述べる　In this picture ...「この写真では…」
進行形で表現する　are making「作っている」
順序立てて説明する　First, ...「最初に…；第一に…」
　　　　　　　　　After that, ...「そのあと…」
　　　　　　　　　Finally, ...「最後に…」
傾向・習慣を述べる　often「よく；しばしば」
好みを述べる　... are my favorite「…は私のお気に入りだ」

UNIT 17 On the Sofa
ソファーの上で

🔊 track 033

1 質問に答えてみよう

① **What do you notice about this picture?**
この写真でなにに気づきますか？

- **I notice that there are a lot of packages.**
  包装された品物がたくさんあるのがわかります。
- **The first thing I notice is the dog.**
  最初に気づくのは犬です。
- **The woman looks exhausted.**
  女性はヘトヘトのようです。

② **Why do you think the woman is tired?**
どうして女性は疲れているのだと思いますか？

- **She might be tired from shopping.**
  買い物で疲れたのかもしれません。
- **She could be tired from working on her laptop.**
  ラップトップで仕事をして疲れたのかもしれません。
- **She might be tired because she just moved in.**
  引っ越してきたばかりで、疲れているのかもしれません。

Unit 17 On the Sofa

3 If not tired, how do you think she feels?
もし疲れていないなら、彼女はどんな気分だと思いますか？

- **Perhaps she's excited, thinking about her date tonight.**
  もしかすると、今夜のデートのことを考えて興奮しているのかもしれません。
- **Maybe she's happy with her new and very comfortable couch.**
  たぶん、彼女の新しくて快適なソファーに満足しているのでしょう。
- **She might be daydreaming.**
  空想しているのかもしれません。

4 Why is the dog sleeping on the floor?
どうして犬は床に眠っているのですか？

- **It's probably not allowed on the couch.**
  おそらくソファーに乗ることを許されていないのでしょう。
- **It could be cooler on the floor.**
  床のほうが涼しいのかもしれません。
- **That's likely its favorite spot.**
  たぶん犬の好きな場所なのでしょう。

5 What do you think is in the packages?
箱の中にはなにが入っていると思いますか？

- **The boxes look like they have shoes in them.**
  箱には靴が入っているように見えます。
- **I think the bags are probably full of clothes.**
  袋はおそらく洋服でいっぱいだと思います。
- **I imagine there are probably some accessories.**
  おそらくいくつかアクセサリーもあると思います。

💬 vocabulary

① notice「気づく；わかる」 package「包装した商品；箱」 exhausted「ヘトヘトな」 ② laptop「ラップトップ・コンピューター」 move in「引っ越してくる」 ③ excited「興奮した」 thinking about ...「…を考えて」 comfortable「快適な」 couch「寝椅子；ソファー」 daydream「（ぼんやりと）空想する」 ④ allow「許す；許可する」 ⑤ bag「手提げ；袋」 full of -s「…でいっぱいの」

第1部　スピーキングトレーニング編

2　ひとりで言ってみよう

track 034

スピーチ 1

This is a picture of a woman's living room. I notice there are a lot of packages. It looks like she spent the day shopping. She is lying on the couch. She might be tired from shopping. She probably needs to take a nap!

これは女性の居間の写真です。たくさんの商品の箱があることに気づきます。彼女は買い物で一日過ごしたようです。彼女はソファーに横たわっています。買い物で疲れたのかもしれません。おそらく仮眠を取る必要があるでしょう。

＊ take a nap「仮眠する；昼寝する」

👍 表現のポイント

全体像を述べる　This is a picture of ...「これは…の写真だ」
目立つ点・特徴を述べる　I notice ...「…に気づく；…が目に留まる」
推量・想像を述べる　It looks like ...「…のようだ」
進行形で表現する　is lying「横たわっている」
推量・想像を述べる　might ...「…かもしれない」
　　　　　　　　　probably「たぶん；おそらく」
必要を述べる　needs to ...「…する必要がある」

スピーチ 2

It looks like this woman just came home from shopping. Or perhaps she just moved into a new apartment. Maybe she's happy with her new and very comfortable couch. Her dog is sleeping on the floor. It's probably not allowed on the couch.

この女性は買い物から帰ったばかりのようです。あるいは、ひょっとすると新しいアパートに越してきたばかりかもしれません。たぶん彼女は新しくて快適なソファーに満足なのでしょう。彼女の犬は床で眠っています。おそらくソファーに乗ることを許されていないのでしょう。

表現のポイント

推量・想像を述べる　It looks like ...「…のようだ」
経験・完了・過去を述べる　just came home「ちょうど帰宅した」
推量・想像を述べる　perhaps「ひょっとすると；もしかすると」
経験・完了・過去を述べる　just moved into ...「ちょうど…に越してきた」
推量・想像を述べる　Maybe「たぶん」
進行形で表現する　is sleeping「眠っている」
推量・想像を述べる　probably「おそらく」

スピーチ 3

This woman obviously loves to shop. There are several boxes and bags on the floor. The boxes look like they have shoes in them. I wonder why she bought all those things. It appears that she is daydreaming. Perhaps she's excited, thinking about her date tonight.

明らかに、この女性は買い物が大好きです。いくつかの箱や手提げが床に置かれています。箱には靴が入っているように見えます。彼女はどうしてこんなにたくさんの物を買ったのでしょう？彼女は空想している様子です。もしかすると、今夜のデートのことを考えて、興奮しているのかもしれません。

表現のポイント

確信を述べる　obviously「明らかに」
好みを述べる　loves to ...「…することが大好きだ」
存在を表す　There are ...「…がある」
推量・想像を述べる　look like ...「…のように見える；思える」
疑問・不明を述べる　I wonder why ...「どうして…だろうか？」
推量・想像を述べる　It appears that ...「…のようだ」
　　　　　　　　　Perhaps「ひょっとすると；もしかすると」

UNIT 18　Climbing the Mountain
登山

🔊 track 035

1　質問に答えてみよう

① **What is this a photo of?**
これはなんの写真ですか？

- **This photo shows some people camping in tents.**
  この写真には、テントでキャンプしている人が何人か写っています。
- **It shows a base camp for climbers.**
  登山者のためのベースキャンプが写っています。
- **There are a number of tents at the foot of a mountain.**
  山のふもとにいくつかのテントがあります。

② **Do you ever go camping?**
いままでにキャンプに行ったことがありますか？

- **My husband and I go about once a month.**
  夫と私は、だいたい月に一度行きます。
- **I try to go several times a year.**
  年に何度か行くようにしています。
- **I've never been camping before.**
  いままでにキャンプに行ったことは一度もありません。

Unit 18 Climbing the Mountain

③ **Do you think it's warm there?**
あの場所は暖かいと思いますか？

- **I can see snow on the mountain, so it's probably cold.**
  山に雪が見えるので、おそらく寒いのでしょう。
- **I think it's chilly, because they seem warmly dressed.**
  ひんやりしていると思います。暖かい格好をしているようなので。
- **It may be warm now, but I'm sure it's cold at night.**
  いまは暖かいのかもしれませんが、夜にはきっと寒いでしょう。

④ **Would you like to go mountain climbing?**
山登りに行きたいと思いますか？

- **Not me. I hear that it's really dangerous.**
  私向きではありません。とても危険だと聞いていますから。
- **I'd love to. I've read that it's hard though.**
  ぜひ行ってみたいです。でも大変だと読んだことがあります。
- **I can't do it. I'm afraid of heights!**
  私にはできません。高いところが恐いんです。

⑤ **Where do you think they are?**
彼らはどこにいるのだと思いますか？

- **The mountains look tall. Maybe they are in the Himalayas.**
  山々は高そうです。たぶん、ヒマラヤ山脈にいるのでしょう。
- **They could be climbing in the Andes Mountains.**
  アンデス山脈で登山をしているのかもしれません。
- **I think they are in the Alps.**
  アルプス山脈にいるのだと思います。

💬 vocabulary

① climber「登山者」 a number of ...「いくつかの…；多くの…」 at the foot of ...「…のふもとに」 ② try to ...「…しようとする」 have been camping「キャンプしたことがある」 ③ warmly dressed「暖かい服装をした」 ④ dangerous「危険な」 be afraid of ...「…が恐い；…を恐れる」 height「高いところ；高さ」

第1部　スピーキングトレーニング編

2　ひとりで言ってみよう

track 036

スピーチ 1

This photo shows some people camping in tents. There are two tall mountains in the background, so I think these people are mountain climbers. I love to go camping. I try to go several times a year.

この写真には、テントでキャンプしている人が数人写っています。背景にはふたつの高い山がありますから、この人たちは登山者だと思います。私はキャンプに行くのが大好きなんです。年に数回は行くようにしています。

👍 表現のポイント

全体像を述べる　This photo shows ...「この写真は…を示している」
存在を表す　There are ...「…がある」
場所・位置・方向を述べる　in the background「背景に；背後に」
逆接・順接で述べる　..., so ...「…なので…」
意見・感想を述べる　I think ...「…だと思う」
好みを述べる　I love to ...「…が大好きだ」
頻度を述べる　several times a year「年に数回」

80

Unit 18 Climbing the Mountain

スピーチ 2

This is a group of people who are probably mountain climbers. I can see snow on the mountains, so it's probably cold. The mountains look tall. Maybe they are in the Himalayas. Climbing is very difficult, so climbers have to be in excellent physical condition.

これはおそらく登山者のグループでしょう。山々に雪が見えるので、おそらく寒いのでしょう。山々は高そうです。たぶん彼らはヒマラヤ山脈にいるのでしょう。登山はとても困難ですから、登山者は最高の体調でなければなりません。

* difficult「難しい；困難な」 excellent「非常に優れた」 physical condition「体調」

表現のポイント

全体像を述べる　This is a group of ...「これは…の一団だ」
関係詞で表現する　who ...「そしてその人たちは…」
気象・天候の表現　I can see snow「雪が見える」
逆接・順接で述べる　..., so ...「…なので…」
推量・想像を述べる　look ...「…に見える」
　　　　　　　　　Maybe「たぶん」
必要を述べる　have to ...「…しなければならない」

スピーチ 3

Mountain climbing is a popular hobby for many. It tends to be very expensive though. While I have never tried it, I hear that it's really dangerous. The weather looks beautiful here. It's hard to say where these climbers are. They could be climbing in the Andes Mountains.

山登りは多くの人に人気の趣味です。しかし、登山は非常に高額になりがちです。私は試したことが一度もありませんが、とても危険だと聞いています。ここのお天気はすばらしいようです。この登山者たちがどこにいるのかを判断するのは難しいです。アンデス山脈を登っているのかもしれません。

* hobby「（一定の技術や知識などが必要な）趣味」

表現のポイント

傾向・習慣を述べる　tends to ...「…しがちだ；…する傾向にある」
逆接・順接で述べる　While A, B.「AだけれどもB」
経験・完了・過去を述べる　I have never tried「一度も試したことがない」
伝聞を述べる　I hear that ...「…だと聞いている」
気象・天候の表現　The weather looks beautiful「天気がすばらしく見える」
疑問・不明を述べる　It's hard to say ...「…を判断するのは難しい」
推量・想像を述べる　could「…かもしれない」

UNIT 19 Takoyaki to Go
持ち帰りのたこ焼き

1 質問に答えてみよう

🔊 track 037

①
What does this picture show?
この写真はなにを写していますか?

- **This picture shows people making *takoyaki*.**
  この写真は、たこ焼きを作っている人たちを写しています。
- **This is a picture of Japanese street food, called *takoyaki*.**
  これは、たこ焼きという、日本の屋台で売られている食べ物の写真です。
- **This picture shows *takoyaki* being made.**
  この写真にはたこ焼きが作られているところが写っています。

②
What are *takoyaki*?
たこ焼きとはなんですか?

- **They are balls of batter filled with diced octopus.**
  さいの目切りになったたこが詰まった粉物のボールです。
- **They are little dough balls stuffed with octopus and green onion.**
  たこやネギが詰まった小さな粉物のボールです。
- ***Takoyaki* are a popular type of fast food.**
  たこ焼きは人気のあるファストフードの一種です。

Unit 19 Takoyaki to Go

3 How are they cooked?
どのように調理されるのですか？

- **They are cooked in a special pan.**
  特別なフライパンの中で調理されます。
- **The batter is poured, and they are turned constantly until cooked.**
  粉を溶いたものが注がれ、できあがるまで絶えずひっくり返されます。
- **They are grilled on a special pan with ball-shaped molds.**
  ボール型の鋳型のついた特別なフライパンで焼かれます。

4 How do you eat *takoyaki*?
たこ焼きはどうやって食べますか？

- **They are usually served with a special sauce and mayonnaise.**
  ふつうは特別なソースとマヨネーズといっしょに出されます。
- **It's common to eat them as a snack.**
  軽食として食べるのが一般的です。
- **You need to be careful, because they can be very hot.**
  注意しないといけません。熱々になっていることがありますから。

5 Do people make *takoyaki* at home?
家ではたこ焼きを作るのですか？

- **Some do. But more commonly people buy them from street vendors.**
  作る人もいます。でも、屋台で買うほうがずっと一般的です。
- **Recently making *takoyaki* at home parties is trendy.**
  最近、ホームパーティーでたこ焼きを作るのが流行です。
- **I sometimes microwave frozen ones, but they are not as good.**
  私はときどき冷凍のを電子レンジで作りますが、あまりおいしくありません。

💬 vocabulary

① street food「屋台で売られる食べ物」 called …「…と呼ばれる」 be made「作られる」 ② batter「バッター；こね粉」小麦粉、牛乳、卵などを水で溶いたもの。 diced「さいの目切りされた」 dough「練り粉；パンなどの生地；粉物」 stuff「詰める」 ③ constantly「絶えず」 grill「網焼きにする；焼く」 ball-shaped「ボール型をした」 mold「鋳型」 ④ serve「(料理などを)出す・提供する」 snack「軽食；おやつ；つまみ」 ⑤ street vendor「露天商；屋台」 trendy「最新流行の」 microwave「電子レンジにかける」 frozen「冷凍の；凍った」

2　ひとりで言ってみよう

track 038

スピーチ 1

This picture shows people making *takoyaki*. *Takoyaki* or "octopus balls" are a popular type of fast food in Japan. Basically, they are small balls of batter stuffed with octopus and green onion. They are usually served with a special sauce and mayonnaise.

この写真はたこ焼きを作っている人たちを写しています。たこ焼き、あるいは「オクトパス・ボール」は日本で人気のファストフードの一種です。基本的には、たこやネギが詰まった小さなこね粉のボールです。ふつうは特別なソースとマヨネーズといっしょに出されます。

👍 表現のポイント

全体像を述べる　**This picture shows ...**「この写真は…を示している」
目立つ点・特徴を述べる　**are a popular type of ...**「人気のタイプの…だ」
傾向・習慣を述べる　**Basically, ...**「基本的には…」
受け身で表現する　**are served with ...**「…といっしょに出される」
傾向・習慣を述べる　**usually**「たいてい」

Unit 19 Takoyaki to Go

スピーチ 2

This is a picture of Japanese street food, called "*tako-yaki*." "*Tako*" means "octopus," and "*yaki*" is the Japanese word for "to grill." The batter is poured into a special pan, and they are turned constantly until cooked. While eating them you need to be careful, because they can be very hot.

これは、たこ焼きという日本の露店で売られている食べ物の写真です。「たこ」は「オクトパス」の意味で、「焼き」は「グリル」にあたる日本です。粉を溶いたものが特別なフライパンに注がれ、できあがるまで絶えずひっくり返されます。食べるときには、注意する必要があります。熱々になっている可能性がありますから。

* Japanese word for ...「…に当たる日本語の単語」

👍 表現のポイント

全体像を述べる　This is a picture of ...「これは…の写真だ」
受け身で表現する　is poured into ...「…に注がれる」　are turned constantly「絶えず裏返される」
時間・時刻の表現　until ...「…まで」
　　　　　　　　While A, B.「Aの間、B」
必要を述べる　need to ...「…する必要がある」
理由を述べる　because ...「…だから」

スピーチ 3

This is a snack called *takoyaki*. Commonly people buy them from street vendors. However, recently making *takoyaki* at home parties is trendy. They are fairly easy to make. Another good thing about them is you can make a lot of them at once. That's why they are great for home parties.

これはたこ焼きと呼ばれる軽食です。一般的に、屋台で購入します。しかし、最近ではホームパーティーでたこ焼きを作るのが流行っています。作るのはかなりかんたんです。たこ焼きのもうひとつのいいところは、一度にたくさん作れる点です。だからホームパーティーにとても向いているのです。

* fairly「かなり;相当」　at once「一度に」

👍 表現のポイント

傾向・習慣を述べる　Commonly「一般に;ふつうは」
逆接・順接で述べる　However, ...「しかしながら…」
時間・時刻の表現　recently「最近は;昨今は」
傾向・習慣を述べる　is trendy「流行している」
目立つ点・特徴を述べる　Another good thing about A is B「Aのもうひとつのよい点はBだ」
理由を述べる　That's why ...「それが…の理由だ」

UNIT 20 The Tea Harvest
お茶の収穫

🔊 track 039

1 質問に答えてみよう

① Where was this picture taken?
この写真はどこで撮影されましたか？

- **This picture was probably taken on a tea plantation.**
  この写真は、おそらくお茶の大農園で撮影されました。
- **This photo was taken in a field.**
  この写真は畑で撮影されました。
- **I'm sure it was taken somewhere in East Asia.**
  きっと東アジアのどこかで撮影されたのだと思います。

② What are these people doing?
この人たちはなにをしているのですか？

- **They are picking tea leaves.**
  この人たちはお茶の葉を摘んでいます。
- **They are harvesting tea.**
  お茶を収穫しています。
- **They are working on a tea plantation.**
  お茶の大きな農場で働いています。

Unit 20 The Tea Harvest

③ Which do you prefer, tea of coffee?
紅茶とコーヒーではどちらが好きですか?

- **I like them both.**
  私はどちらも好きです。
- **In my opinion, green tea is much healthier than coffee.**
  私に言わせると、緑茶のほうがコーヒーよりもずっと健康的です。
- **I don't like either of them. I believe caffeine is bad for you.**
  どちらも好きではありません。カフェインは身体に悪いと思います。

④ Why are they carrying baskets?
どうして彼らはカゴを持ち歩いているのですか?

- **They put the tea leaves into the baskets.**
  お茶の葉をカゴに入れるのです。
- **The baskets are to hold the tea leaves.**
  カゴはお茶の葉を入れるためのものです。
- **They carry baskets in order to store the leaves.**
  葉っぱをしまっておくためにカゴを持ち歩いています。

⑤ What time of year do you think it is?
1年のいつ頃だと思いますか?

- **I think it's probably summer.**
  たぶん夏だと思います。
- **I read that tea is harvested from spring to fall.**
  お茶は春から秋に収穫されると読んだことがあります。
- **It depends on where it is grown.**
  育てられている場所によります。

📝 vocabulary

① **plantation**「(単品種に絞って栽培する)大規模農場」 **field**「田畑；牧草地」 **somewhere in ...**「…のどこかで」 ② **harvest**「収穫する」 ④ **hold**「収納する；入れている」 **store**「蓄える；しまっておく；保管する」 ⑤ **where it is grown**「それが育てられている場所」

2 ひとりで言ってみよう

🔊 track 040

スピーチ 1

This picture **was probably taken** on a tea plantation. Several workers are picking tea leaves. Green tea **is especially popular in** East Asia. **However,** coffee has become a part of everyday life too. **Despite this, in my opinion**, green tea is **much healthier than** coffee.

この写真はお茶の大農園で撮影されました。何人かの人たちがお茶の葉を摘んでいます。緑茶は特に東アジアで一般的です。しかし、コーヒーも日常生活の一部になりました。にもかかわらず、私の意見では、緑茶のほうがコーヒーよりもずっと健康的だと思います。
＊especially「特に」

👍 表現のポイント

受け身で表現する　was taken「撮影された」
推量・想像を述べる　probably「たぶん；おそらく」
目立つ点・特徴を述べる　is especially popular in ...「…でとても人気がある」
逆接・順接で述べる　However, ...「しかしながら…」
　　　　　　　　　Despite this, ...「これにもかかわらず…」
意見・感想を述べる　in my opinion, ...「私の意見では…；私に言わせると…」
比較して述べる　much healthier than ...「…よりもずっと健康的な」

Unit 20　The Tea Harvest

スピーチ 2

In this picture, people are working on a tea plantation. Tea leaves are picked by hand. Then they put the tea leaves into the baskets. Although this is hard work, many of the workers are women.

この写真では、人々がお茶の大きな農園で働いています。お茶の葉は手で摘まれます。それから、お茶の葉をカゴに入れます。大変な仕事ですが、働き手の多くは女性です。

表現のポイント

全体像を述べる　In this picture, ...「この写真では…」
進行形で表現する　are working「働いている」
受け身で表現する　are picked by ...「…で摘まれる」
逆接・順接で述べる　Although ...「…だけれども」
数・量・割合を表現する　many of ...「…の多く」

スピーチ 3

Tea is grown in many countries, for example India, China and Japan. I read that tea is harvested from spring to fall. The time of year the tea is picked depends on the area where it is grown. As the picture shows, the tea is still picked by hand in many places.

例えば、インド、中国、日本など、お茶は多くの国で栽培されています。お茶は春から秋にかけて収穫されると読んだことがあります。1年でお茶が摘まれる時期は、育てられている地域によります。写真が示すように、いまだにお茶は多くの場所で手で摘まれています。
＊still「いまだに；まだ」

表現のポイント

受け身で表現する　is grown in ...「…で栽培されている」
例示する　for example ...「例えば…」
伝聞を述べる　I read that ...「…と読んだ」
受け身で表現する　is harvested「収穫される」
関係詞で表現する　where ...「そしてそこで…」
受け身で表現する／時間・時刻の表現　is still picked by ...「いまだに…で摘まれている」

UNIT 21 Hiking the Back Country

山奥のハイキング

1 質問に答えてみよう

🔊 track 041

① What is the woman in this picture doing?
この写真の女性はなにをしていますか?

- **She's hiking in the mountains.**
  山の中でハイキングをしています。
- **She's carrying a backpack.**
  バックパックを運んでいます。
- **She's posing for a picture.**
  写真用にポーズを取っています。

② What is she carrying?
彼女はなにを持ち歩いていますか?

- **She's holding a pair of binoculars.**
  彼女は双眼鏡を持っています。
- **She's carrying a large backpack.**
  彼女は大きなバックパックを持ち運んでいます。
- **She's carrying camping gear.**
  彼女はキャンプ用品を運んでいます。

Unit 21 Hiking the Back Country

③ What do you think is in the backpack?
バックパックにはなにが入っていると思いますか?

- **I suppose there are clothes in the backpack.**
  バックパックには衣類が入っていると思います。
- **I guess it might contain a sleeping bag.**
  寝袋が入っているかもしれないと思います。
- **I imagine she has food and water in her pack.**
  私の想像では、荷物には食べ物と水が入っています。

④ What are the binoculars for?
双眼鏡はなんのために使うのでしょう?

- **Maybe they're for watching birds.**
  たぶん、鳥を観るためでしょう。
- **With binoculars she can see things that are far away.**
  双眼鏡を使えば、遠くのものを見ることができます。
- **I think she uses the binoculars to observe wild animals.**
  野生の動物を観察するために双眼鏡を使うのだと思います。

⑤ What else do you think she's carrying?
ほかには、彼女はなにを持っていると思いますか?

- **She ought to have a compass.**
  方位磁石を持っているはずです。
- **She should be carrying a raincoat.**
  当然、雨合羽を持っているはずです。
- **She's probably carrying a map.**
  おそらく地図を持っているでしょう。

💬 vocabulary

① pose「ポーズを取る」 ② a pair of binoculars「双眼鏡」 camping gear「キャンプ用品」
③ contain「含む；入っている；持っている」 sleeping bag「寝袋」 pack「荷物」 ④ far away「遠くの」 observe「観察する」 ⑤ compass「方位磁石；コンパス」 raincoat「雨合羽；レインコート」 map「地図」

第1部 スピーキングトレーニング編

2 ひとりで言ってみよう

🔊 track 042

スピーチ 1

This photo is of a woman hiking in the mountains. She's carrying a large backpack. **Because** it's so big, she's **probably** camping overnight. **I imagine** it **might** contain a sleeping bag, **or even** a tent. **I suppose** there are clothes in the backpack too.

これは山の中をハイキングしている女性の写真です。彼女は大きなバックパックを持っています。とても大きいので、おそらくひと晩キャンプをするのでしょう。私の想像では、バックパックには寝袋が入っているか、さらにテントもあるかもしれません。バックパックには衣類も入っていると思います。
* camp overnight「キャンプで1泊する」

👍 表現のポイント

全体像を述べる　**This photo is of ...**「この写真は…に関するものだ」
理由を述べる　**Because A, B.**「AなのでB」
推量・想像を述べる　**probably**「おそらく」
　　　　　　　　　I imagine ...「…と想像する」
　　　　　　　　　might ...「…かもしれない」
追加する　**or even ...**「あるいは…までも」
推量・想像を述べる　**I suppose ...**「…だと思う」

Unit 21 Hiking the Back Country

スピーチ 2

The woman is holding a pair of binoculars. Maybe they're for watching birds. She looks very relaxed and happy. Her backpack is half her size, so she must be in good shape. I think she's a very experienced hiker.

女性は双眼鏡を持っています。たぶん鳥を観るためでしょう。彼女はとてもくつろいでいて、うれしそうです。彼女のバックパックは、大きさが彼女の半分ほどもあるので、彼女はとても健康的に違いありません。とても経験を積んだハイカーなのだと思います。

＊ be in good shape「健康的だ；体調がよい」

表現のポイント

推量・想像を述べる	Maybe	「たぶん」
目的・手段を述べる	they're for ...	「それらは…のためだ」
推量・想像を述べる	looks ...	「…に見える」
数・量・割合・金額を表現する	half her size	「彼女の半分のサイズ」
逆接・順接で述べる	..., so ...	「…なので…」
確信を述べる	must ...	「…に違いない」
意見・感想を述べる	I think ...	「…だと思う」

スピーチ 3

It looks like this hiker is spending a few nights outdoors. She's probably carrying a map. She ought to have a compass, in case she gets lost. It looks like she is hiking and camping in a national park. When hiking long distances, it's important to carry the lightest equipment possible.

このハイカーは戸外でいく晩か過ごすのだろうと思います。彼女はおそらく地図を持っています。道に迷ったときに備えて、方位磁石も持っているはずです。彼女は国立公園でハイキングとキャンプをしているようです。長距離をハイキングするときには、できるだけ軽い装備を持ち運ぶのが重要です。

＊ in case ...「…に備えて」　get lost「道に迷う」　equipment「装備」　possible「可能な限り；できるだけ」

表現のポイント

推量・想像を述べる	It looks like ...	「…のようだ」
未来時制で表現する	is spending	「過ごすのだろう」
進行形で表現する	is carrying	「持ち歩いている」
目的・手段を述べる	in case ...	「…に備えて」
推量・想像を述べる	It looks like ...	「…のようだ」
時間・時刻の表現	When A, B.	「AのときB」
重要性を述べる	it's important to ...	「…することが重要だ」

UNIT 22 Rock and Roll
ロックンロール

🔊 track 043

1 質問に答えてみよう

①
Where are the people in this picture?
この写真の人たちはどこにいるのですか?

- **The people in this picture are at a rock concert.**
  この写真の人々はロック・コンサートにいます。
- **The people pictured here are at a concert.**
  ここに写っている人たちはコンサートにいます。
- **These people are rock and roll fans at a concert.**
  これらの人々はコンサートにいるロック・ファンです。

②
Do you think this band is popular?
このバンドは人気があると思いますか?

- **I'm sure the band is popular, because the crowd is huge.**
  きっと人気があると思います。観衆がものすごくいますから。
- **It's a big concert, so I think the band must be famous.**
  大きなコンサートなので、有名に違いないと思います。
- **The stage is very large. It must be a successful group.**
  ステージがすごく大きいです。成功したグループに違いありません。

Unit 22 Rock and Roll

③ Do you think it's a rock concert?
ロックのコンサートだと思いますか？

- **Yeah. The people are all standing.**
  ええ。みんな立ち上がっていますよ。
- **Yes. Because of the lighting on the stage.**
  はい。ステージのライティングでそう思います。
- **It might not be. For example, it could be a country music show.**
  そうでないかもしれません。例えば、カントリー音楽のショーかもしれません。

④ When did you go to a concert last?
最後にコンサートに行ったのはいつですか？

- **I went to a KISS concert at Budokan last year.**
  去年、武道館のキッスのコンサートに行きました。
- **I saw Bon Jovi play at Tokyo Dome several years ago.**
  数年前、東京でボンジョヴィが演奏するのを観ました。
- **Honestly, I've never been to a live concert.**
  正直言って、ライブのコンサートには行ったことがないんです。

⑤ Do you like going to see live music?
ライブ音楽を観にいくのは好きですか？

- **I go at least once a year.**
  少なくとも、年に一度は行きます。
- **I love live music. However, I don't like the large crowds.**
  音楽は大好きです。しかし、すごい人混みが好きじゃないんです。
- **I'm a big music fan. I go as often as I can.**
  私は音楽の大ファンです。できるだけ頻繁に行ってます。

vocabulary

② **crowd**「群衆；観衆」 **huge**「莫大な；巨大な」 **successful**「成功を収めた」 ④ **last**「最後に」 **see ... play**「…が演奏するのを観る」 **live**「生の；ライブの」 ⑤ **as often as I can**「できるだけ頻繁に」

2 ひとりで言ってみよう

🔊 track 044

スピーチ 1

These people are rock and roll fans at a concert. It's a big concert, so I think the band must be famous. Then again, it might not be a rock concert. For example, it could be a country music group. From the picture, there's really no way to be certain.

─────────────────────────────

この人々は、コンサート会場のロック・ファンです。大きなコンサートなので、バンドは有名に違いないと思います。しかしまた一方で、ロックのコンサートではないかもしれません。例えば、カントリー・ミュージックのグループかもしれません。写真からは、はっきりと判断する方法がありません。

👍 表現のポイント

逆接・順接で述べる　..., so ...「…なので…」
確信を述べる　must ...「…に違いない」
逆接・順接で述べる　Then again, ...「しかし、また一方で…」
推量・想像を述べる　might not ...「…ではないかもしれない」
例示する　For example, ...「例えば…」
推量・想像を述べる　could ...「…かもしれない」
疑問・不明を述べる　there's really no way to be certain「確信する方法はほんとうにない」

Unit 22 Rock and Roll

スピーチ 2

The people in this picture are at a rock concert. I'm sure the band is popular, because the crowd is huge. It looks like the concert is outdoors. In my opinion outdoor concerts are much better, as long as the weather is nice.

この写真の人々は、ロックのコンサートにいます。そのバンドは、きっと人気があるのだと思います。観衆の数がものすごいですから。コンサートは屋外のようです。私の意見では、お天気がよい限りは、屋外のコンサートがはるかによいと思います。

* outdoors「戸外で」

👍 表現のポイント

全体像を述べる　The people in this picture are at ...「この写真の人々は…にいる」
確信を述べる　I'm sure ...「…を確信している」
理由を述べる　because ...「なぜなら…だからだ」
推量・想像を述べる　It looks like ...「…に見える；思える」
意見・感想を述べる　In my opinion ...「私の意見では…；私に言わせれば…」
比較して述べる　much better「ずっとよい」
仮定する　as long as ...「…である限りは」

スピーチ 3

I love live music. However, I don't like the large crowds. I tend to get nervous. I went to a KISS concert at Budokan last year. The music was fantastic, but there were too many people in my opinion. Nowadays I only go to small shows in restaurants and bars.

私は音楽が大好きです。しかし、大きな人混みが好きではないんです。私は、神経過敏になりがちです。去年、武道館にキッスのコンサートに行きました。音楽はすばらしかったのですが、私に言わせるとあまりにも大勢の人がいました。最近は、レストランやバーの小さなコンサートにしか行っていません。

* in my opinion は for my taste としても同じ。

👍 表現のポイント

逆接・順接で述べる　However, ...「しかしながら…」
傾向・習慣を述べる　tend to ...「…しがちだ」
逆接・順接で述べる　but ...「が…；しかし…」
存在を表す　there were ...「…がいた；あった」
数・量・割合を表現する　too many ...「あまりにも多くの…」
意見・感想を述べる　... in my opinion「私の意見では…」
時間・時刻の表現　Nowadays「近頃は；最近は」

UNIT 23 Kids' Christmas Morning
クリスマスの朝の子ども

🔊 track 045

1 質問に答えてみよう

① Can you describe this picture?
この写真の状況を説明できますか?

- **This picture shows two little children opening presents.**
  この写真にはふたりの小さな子どもがプレゼントを空けているところが写っています。
- **In this picture a little girl and boy are opening presents.**
  この写真では、小さな女の子と男の子がプレゼントを空けています。
- **This is a picture of two kids on Christmas morning.**
  これはクリスマスの朝のふたりの子どもの写真です。

② How can you tell it's Christmas?
どうしてクリスマスだとわかりますか?

- **I can see a Christmas tree behind them.**
  彼らの後ろにクリスマスツリーが見えます。
- **There's a Christmas tree with ornaments.**
  飾りのついたクリスマスツリーがあります。
- **I'm sure it's Christmas because of the tree.**
  ツリーから判断して、クリスマスなのは確実です。

Unit 23 Kids' Christmas Morning

③ How many presents did they get?
彼らはいくつプレゼントをもらいましたか？

- **I'd say they each received at least four.**
  それぞれ少なくとも4つはもらっているでしょう。
- **It looks like there are ten gifts total.**
  全部で10個の贈り物があるように見えます。
- **They got a lot of presents. They must be excited!**
  たくさんのプレゼントをもらっています。彼らは、わくわくしているに違いありません！

④ What kind of presents do you think they are?
それらは、どんなプレゼントだと思いますか？

- **Maybe they are toys.**
  たぶん、おもちゃでしょう。
- **I doubt they are clothes, since the boxes are so small.**
  箱がとても小さいので、洋服ではないと思います。
- **I think they are games or dolls.**
  ゲームか人形だと思います。

⑤ Did you get anyone Christmas presents last year?
去年、だれかクリスマスプレゼントを買ってあげましたか？

- **I bought a necklace for my girlfriend.**
  彼女のためにネックレスを買いました。
- **I gave my mother a silk scarf.**
  母に絹のスカーフをあげました。
- **I took my parents out to dinner to celebrate.**
  お祝いをしに、両親を外食に連れていきました。

💬 vocabulary

① describe「状況を説明する；特徴を述べる」　② behind ...「…の後ろに」　ornaments「装飾品；飾りつけ」　because of ...「…の理由で」　③ receive「受け取る」　at least「少なくとも」　excited「興奮した；わくわくした」　④ toy「玩具」　doubt (that) ...「…ではないと思う」〔比較〕suspect that ...「…であるらしいと思う」　⑤ get「買ってやる」　take ... out to dinner「…を夕食に連れていく」　celebrate「祝う」

▶▶▶ 99

第1部 スピーキングトレーニング編

2 ひとりで言ってみよう

track 046

スピーチ 1

This picture shows two little children opening presents. They **must** be Christmas presents, **since** we can see a Christmas tree **behind** them. The tree **is decorated with** Christmas lights and ornaments. **I'm pretty sure** the boy and girl are brother and sister.

この写真には、小さなふたりの子どもたちがプレゼントを空けているところが写っています。彼らの後ろにクリスマスツリーが見えるので、クリスマスプレゼントに違いありません。ツリーはクリスマスのイルミネーションや装飾品で飾られています。まず間違いなく、男の子と女の子はきょうだいでしょう。

* be decorated with ...「…で飾られる」　pretty sure「かなり確信して」

👍 表現のポイント

全体像を述べる　**This picture shows ...**「この写真は…を見せている」
確信を述べる　**must ...**「…に違いない」
理由を述べる　**since ...**「…なので」
場所・位置・方向を述べる　**behind ...**「…の後ろに」
受け身で表現する　**is decorated with ...**「…で飾られている」
確信を述べる　**I'm pretty sure ...**「きっと…だと思う」

Unit 23 Kids' Christmas Morning

スピーチ 2

This is a picture of two kids on Christmas morning. **We know** it's Christmas because there's a Christmas tree **behind** them. **I'd say** they each received at least four gifts. **Most of** them are probably from their parents. **I suppose some of** them could be from other family members.

これは、クリスマスの朝のふたりの子どもたちの写真です。彼らの後ろにクリスマスツリーがあるので、クリスマスだとわかります。彼らはそれぞれ少なくとも4つはプレゼントをもらっているだろうと思います。そのほとんどは、おそらく両親からのものでしょう。いくつかはほかの家族の一員からかもしれないと思います。

表現のポイント

全体像を述べる　**This is a picture of ...**「これは…の写真だ」
知識・理解を述べる　**We know ...**「私たちには…がわかる」
場所・位置・方向を述べる　**behind ...**「…の後ろに」
推量・想像を述べる　**I'd say ...**「…だろうと思う」
数・量・割合を表現する　**Most of ...**「…のほとんど」
推量・想像を述べる　**I suppose ...**「…だと思う」
数・量・割合を表現する　**some of ...**「…のいくつか；いくらか」

スピーチ 3

These children received **a lot of** presents. **I wonder** what the presents are. **Maybe** they are toys. **I doubt** they are clothes, **because** the boxes are so small. I bought a necklace for my girlfriend. It was **really expensive**. **Unlike** these kids, she only got one present.

この子どもたちは、たくさんのプレゼントを受け取っています。プレゼントはなんでしょうか? たぶん、おもちゃでしょう。箱がとても小さいので、洋服ではないと思います。私は彼女のためにネックレスを買いました。それはとても高価でした。この子どもたちとは違って、彼女はプレゼントをひとつしかもらいませんでした。

表現のポイント

数・量・割合を表現する　**a lot of ...**「たくさんの…」
疑問・不明を述べる　**I wonder ...**「…だろうか?」
推量・想像を述べる　**Maybe**「たぶん」
　　　　　　　　　　I doubt ...「…でないと思う」
理由を述べる　**because ...**「…なので；…だから」
数・量・割合・金額を表現する　**really expensive**「とても高価な」
共通・類似・同一に言及する　**Unlike ...**「…とは違って」

UNIT 24 At the Airport
空港

1 質問に答えてみよう

🔊 track 047

① Where is this?
これはどこですか？

- **There are several airplanes, so it's a picture of an airport.**
  いくつか飛行機がありますから、空港の写真です。
- **This picture was taken at an airport.**
  この写真は空港で撮影されました。
- **This is a picture of an airport terminal.**
  これは空港のターミナルの写真です。

② What time of day is it?
1日のうちのいつ頃ですか？

- **It should be late afternoon, as the sun is setting.**
  太陽が沈んでいるので、夕方のはずです。
- **It's almost sundown.**
  ほとんど日が沈む時刻です。
- **It's just after sunrise. The sun is low in the sky.**
  ちょうど日の出の直後です。太陽が空の低いところにあります。

Unit 24 At the Airport

③ What are the plusses and minuses of flying?
飛行機に乗ることの利点と欠点はなんですか？

- **Compared to driving, flying is a faster way to travel.**
  自動車の運転と比べて、飛行機に乗るほうが速い旅行の手段です。
- **The nice thing is planes can travel so far.**
  よい点は、飛行機がとても遠くまで行けることです。
- **The worst thing about traveling by plane is the fear of crashing.**
  飛行機旅行のもっともよくない点は、墜落の可能性です。

④ What don't you like about flying?
飛行機に乗ることで嫌いなことはなんですか？

- **The seats aren't very comfortable.**
  座席があまり快適ではありません。
- **Tickets can be very expensive.**
  航空券が高額になることがあります。
- **There are often flight delays.**
  フライトの遅れがよく起こります。

⑤ Do you think planes are dangerous?
飛行機は危険だと思いますか？

- **They say that flying is the safest way to travel.**
  飛行機で飛ぶのは、旅のもっとも安全な方法だと言われています。
- **I don't think so. More people die in car accidents than plane crashes.**
  そうは思いません。航空機の墜落より、多くの人が自動車事故で亡くなります。
- **No. Some people are scared to fly, but I'm not.**
  いいえ。飛行機に乗るのを怖がる人もいますが、私は違います。

vocabulary

① be taken「撮影された」 terminal「始点；終点；ターミナル」 ② late afternoon「夕方」 sundown「日没(の時刻)」 sunrise「日の出」 ③ plusses and minuses「利点と欠点」 way「方法」 far「遠くに」 fear「恐れ；可能性」 crashing「墜落(による死亡)」 ④ comfortable「快適な」 delay「遅延」 ⑤ die「死ぬ」 be scared to ...「…するのを恐れる」

▶▶▶ 103

2 ひとりで言ってみよう

🔊 track 048

スピーチ 1

This picture was taken at an airport. Some of the planes are moving. Others are parked at the gates. Obviously, it's almost sundown. The airport doesn't seem very busy. Perhaps it's a smaller, domestic airport.

この写真は空港で撮影されました。飛行機のいくつかは動いています。ほかはゲートに停止しています。明らかに、ほぼ日没の時刻です。空港はそれほど忙しそうではありません。もしかすると、比較的小さな国内線の空港かもしれません。

* parked「駐車した；停止した」 domestic「国内の」

👍 表現のポイント

受け身で表現する　was taken at ...「…で撮影された」
対照する　Some of ...「いくつかの…は」
　　　　　Others ...「そのほかは…」
確信を述べる　Obviously, ...「明らかに…」
数・量・割合を表現する　almost「ほぼ；ほとんど」
推量・想像を述べる　doesn't seem ...「…に見えない；思えない」
　　　　　　　　　Perhaps「おそらく；もしかすると；ひょっとすると」

Unit 24　At the Airport

スピーチ 2

This is a picture of an airport terminal. More people are flying now than ever before. The nice thing is, planes can travel so far. Compared to driving, flying is a faster way to travel. The tickets can be very expensive, though.

これは空港のターミナルの写真です。いまは、これまでよりも多くの人が飛行機に乗っています。よい点は、飛行機でとても遠くへ旅をすることができることです。自動車の運転と比べると、飛行機に乗るのはより速い旅の方法です。けれども、航空券は高額になる場合もあります。
* than ever before ...「これまでのいつの時代よりも」

表現のポイント

全体像を述べる	This is a picture of ...	「これは…の写真だ」
比較して述べる	More ...	「より多くの…」
	than ever before	「これまでよりも」
目立つ点・特徴を述べる	The nice thing is, ...	「いい点は…だ」
比較して述べる	Compared to ...	「…と比べると」
	faster ...	「より速い…」
逆接・順接で述べる	..., though	「しかしながら…；けれども…」

スピーチ 3

They say that flying is the safest way to travel. Every year, more people die in car accidents than plane crashes. Despite this, some people are afraid of flying. Like it or not, airplanes, like computers, are a necessary part of our global community.

飛行機に乗るのが、もっとも安全な旅の方法だと言われています。毎年、飛行機の墜落よりも多くの人が自動車事故で亡くなります。にもかかわらず、飛行機に乗るのを怖がる人もいます。好き嫌いに関わらず、飛行機はコンピューターのように私たちの国際社会に必要不可欠なものなのです。
* Like it or not, ...「好むと好まざるとに関わらず…」

表現のポイント

伝聞を述べる	They say that ...	「…と言われている」
比較して述べる	the safest ...	「もっとも安全な…」
目的・手段を述べる	way to ...	「…するための方法」
比較して述べる	more ...	「より多くの…」
	than ...	「…よりも」
逆接・順接で述べる	Despite this, ...	「これにもかかわらず…」
例示する	like ...	「…のように」
必要を述べる	necessary ...	「必要な…」

UNIT 25: A Hot Spring
温泉

1 質問に答えてみよう

track 049

① What are these monkeys doing?
このサルたちはなにをしていますか?

- **It appears they are taking a bath.**
  入浴しているようです。
- **It looks like they are washing each other's backs.**
  互いの背中を洗っているように見えます。
- **They are sitting in a hot spring.**
  温泉で座っています。

② Where do you think this is?
これはどこだと思いますか?

- **These monkeys are from Central Japan.**
  このサルたちは中部日本のものです。
- **This picture has to be from Japan.**
  この写真は日本のものに違いありません。
- **These monkeys are a popular attraction in Nagano prefecture.**
  このサルたちは、長野県で人気の呼び物です。

Unit 25 A Hot Spring

③ Why are these monkeys unique?
どうしてこの猿たちはユニークなのですか？

- **Monkeys normally don't like water, so this is a rare sight.**
  サルはふつう水が好きではないので、これはまれに見る光景なのです。
- **Most monkeys hate bathing. However, these monkeys are special.**
  ほとんどのサルは入浴を嫌います。しかし、このサルたちは特別です。
- **They are the only monkeys known to take baths.**
  彼らは、入浴することで知られている唯一のサルたちなのです。

④ Why do you think they like the hot springs?
どうして彼らは温泉が好きなのだと思いますか？

- **Winters are cold in Nagano, so the water keeps them warm.**
  長野の冬は寒く、水が彼らを暖かく保ってくれるのです。
- **I think they want to get out of the cold.**
  寒さから逃れたいのだと思います。
- **I suppose it feels good to them.**
  彼らにとって気持ちいいのでしょう。

⑤ Are hot springs common in Japan?
日本では温泉は一般的なのですか？

- **Sure. Japan has hot springs all over the country.**
  もちろん。日本は国中に温泉があるのです。
- **Absolutely. Japanese have enjoyed hot springs for centuries.**
  そのとおりです。日本人は古くから温泉を楽しんできました。
- **There are many famous hot springs all around Japan.**
  日本中に有名な温泉がたくさんあるんです。

💬 vocabulary

① take a bath「風呂に入る」 each other's backs「互いの背中」 hot spring「温泉」
② from ...「…出身の；…からの；…所属の」 have to ...「…に違いない」 attraction「引きつけるもの；呼び物」 ③ sight「光景」 known to ...「…することで知られる」 ④ get out of ...「…の外に出る」 ⑤ for centuries「古くから」

2 ひとりで言ってみよう

🔊 track 050

スピーチ 1

It's likely these monkeys are from Central Japan. This special group of monkeys **are famous for** bathing. Looking closely at this picture, **it looks like** they **are washing** each other's backs. **I wonder** which monkey got in first!?

このサルたちは中部日本のもののようです。この特別なサルの群れは入浴することで有名です。この写真を詳しく見ると、彼らは互いの背中を洗っているようです。どのサルが最初に入ったのでしょうか？
* Looking closely at ...「…を詳しく見ると」

👍 表現のポイント

推量・想像を述べる　It's likely ...「…のようだ」
目立つ点・特徴を述べる　are famous for ...「…で有名だ」
推量・想像を述べる　it looks like ...「…のように見える；思える」
進行形で表現する　are washing「洗っている」
疑問・不明を述べる　I wonder ...「…だろうか？」

Unit 25 A Hot Spring

スピーチ 2

These monkeys are a popular attraction in Nagano prefecture. It looks like they are taking a bath in a hot spring. Winters are cold in Nagano, so the water keeps them warm. It must be nice to have someone to wash your back for you!

このサルたちは長野県で人気の呼び物です。彼らは温泉で風呂に入っているようです。長野の冬は寒いので、水が彼らを暖かく保ってくれます。自分のために背中を洗ってくれる人がいるのは、きっといいでしょうね。
* have someone to ... 「…する人がいる」

表現のポイント

目立つ点・特徴を述べる　popular ...「人気のある…」
推量・想像を述べる　It looks like ...「…のようだ」
進行形で表現する　are taking a bath「風呂に入っている」
気象・天候の表現　Winters are cold in ...「…の冬は寒い」
逆接・順接で述べる　..., so ...「…なので…」
確信を述べる　must ...「…に違いない」

スピーチ 3

Monkeys normally don't like water, so this is a rare sight. These three monkeys are sitting in a hot spring, or "onsen." There are many volcanoes in Japan. As such, Japanese have enjoyed hot springs for centuries.

サルはふつう水が好きではないので、これは滅多にない光景です。この3匹のサルたちはホット・スプリング、つまり温泉の中に腰掛けています。日本には多くの火山があります。ですから、日本人は温泉を古くから楽しんできたのです。
* ..., or ...「…すなわち・言い換えれば…」　volcano「火山」

表現のポイント

傾向・習慣を述べる　normally「ふつうは；通常は」
好みを述べる　don't like ...「…が好きではない」
頻度を述べる　rare ...「稀な…；滅多にない…」
進行形で表現する　are sitting in ...「…に腰掛けている」
存在を表す　There are ...「…がある；いる」
逆接・順接で述べる　As such, ...「だから…；従って…」
経験・完了・過去を述べる　have enjoyed ...「楽しんできた」

UNIT 26 Hotpot
鍋料理

🔊 track 051

1 質問に答えてみよう

① What are these people eating?
この人たちはなにを食べているのですか?

- **This family is eating *nabe*, or "hotpot."**
  この家族は鍋、すなわちホットポットを食べています。
- **They are eating a hotpot dinner.**
  彼らは鍋の夕食を食べています。
- **The three of them are eating a traditional Japanese meal called *nabe*.**
  彼ら3人は、鍋と呼ばれる日本の伝統食を食べています。

② What ingredients are in a hotpot?
鍋にはどんな材料が入っていますか?

- **Typically it includes meat, like chicken, and vegetables.**
  一般的には、鶏肉のような肉と野菜が入っています。
- **Fish and other seafood are common ingredients.**
  魚やその他のシーフードが一般的な具材です。
- **Mushrooms, cabbage and other vegetables are standard ingredients.**
  キノコや白菜、その他の野菜が基本の具材です。

Unit 26 **Hotpot**

3
How do you cook a hotpot?
鍋はどのように料理しますか?

- **Generally, it is cooked in an earthenware pot over a gas burner.**
  一般に、ガスの火にかけた土鍋の中で調理されます。
- **Normally, the ingredients are boiled in broth.**
  通常、材料はスープの中でゆでられます。
- **It's common to cook and eat the hotpot at the same time.**
  鍋は料理と食事を同時にするのが一般的です。

4
How often does your family eat *nabe*?
あなたの家族はどのくらいの頻度で鍋を食べますか?

- **Our family has a hotpot meal about once a month.**
  わが家は月に一度くらい鍋で食事をします。
- **My family eats it a lot in the wintertime.**
  私の家族は、冬の時期にはたくさん食べます。
- **We usually only eat it on special occasions.**
  ふつうは、特別な機会にしか食べません。

5
Is it expensive to make *nabe*?
鍋を作るのには高額がかかりますか?

- ***Nabe* is not very expensive to make.**
  鍋を作るのに、それほど高額はかかりません。
- **The price depends on the ingredients.**
  値段は具材によります。
- **It's cheaper than eating out.**
  外食するよりは安上がりです。

vocabulary

① ..., or ...「…すなわち…」 traditional「伝統的な」 called ...「…と呼ばれる」 ②ingredients「具材；材料」 include「含む」 mushroom「キノコ」 cabbage「キャベツ；白菜」白菜はChinese cabbageとも表現できるが中国産の野菜と紛らわしい。 standard「標準的な」 ③ earthenware pot「土鍋」 gas burner「ガスの燃焼器；火口」 boil「ゆでる；炊く」 broth「スープ」 at the same time「同時に」 ④ special occasion「特別な機会」 ⑤ eating out「外食」

2 ひとりで言ってみよう

track 052

スピーチ 1

This family is eating *nabe*, or "hot pot." A hot pot is a popular Japanese meal. Typically it includes meat, like chicken, and vegetables. Other meats, such as fish, shellfish or shrimp are also commonly used. Generally, it is cooked in an earthenware pot over a gas burner.

この家族は鍋、すなわちホット・ポットを食べています。鍋は人気の日本の食事です。一般的に、鍋には鶏肉のような肉と野菜が入っています。魚や貝、エビのようなほかの肉類もよく使われます。一般的に、ガスの火にかけた土鍋で調理されます。
＊shellfish「貝；甲殻類（通常の口語では、この意味で用いない）」 shrimp「エビ」

👍 表現のポイント

目立つ点・特徴を述べる　popular …「人気のある…」
傾向・習慣を述べる　Typically …「典型的に…；一般的には…」
例示する　like …「…といった」
　　　　　such as …「…といった；…などの」
傾向・習慣を述べる　commonly「一般的に；よく」
　　　　　　　　　　Generally, …「概して；一般に」

Unit 26 Hotpot

スピーチ 2

This picture shows three people having dinner. The three of them are eating a **traditional** Japanese dish called "*nabe*." Mushrooms, cabbage and other vegetables are **common** ingredients. **Normally,** the ingredients **are boiled in** broth and **shared by** people at the table.

この写真は3人の人が夕食を食べているところを写しています。彼ら3人は、鍋と呼ばれる日本の伝統料理を食べています。キノコや、白菜、その他の野菜が一般的な具材です。通常、材料はスープの中でゆでられ、テーブルにいる人で分け合います。
*be shared「分かち合われる」

👍 表現のポイント

全体像を述べる　This picture shows ...「この写真は…を示している」
伝統に言及する　traditional「伝統的な」
傾向・習慣を述べる　common「一般的な」
　　　　　　　　　Normally, ...「ふつうは…；通常は…」
受け身で表現する　are boiled in ...「…でゆでられる」
　　　　　　　　　are shared by ...「…に分かち合われる」

スピーチ 3

Nabe is **not very expensive** to make. It's a fun dish to share as a family or with **a group of** friends. My family has a hotpot meal about **once a month**. **Sometimes** we use chicken, **and other times** we use seafood. **The best part is** adding rice to the broth and eating that **at the end of** the meal.

鍋は作るのにそれほど高額はかかりません。家族や友人グループで分け合う楽しい料理です。わが家は月に一度くらい鍋料理をします。鶏肉を使うときもありますし、魚介類を使うこともあります。食事の締めに、スープにご飯を加えて食べるのが最高なんです。
*fun「楽しみを与えてくれる；愉快な」　as a family「家族で」　seafood「魚介類」

👍 表現のポイント

数・量・割合・金額を表現する　not very expensive「あまり高価でない」
　　　　　　　　　　　　　　a group of ...「…の一団；グループ」
頻度を述べる　once a month「月に一度」
対照する　Sometimes ...「ときには…」
　　　　　and other times ...「そして別のときには…」
目立つ点・特徴を述べる　The best part is ...「もっともいいところは…」
時間・時刻の表現　at the end of ...「…の最後に」

UNIT 27 Money Trouble

お金のトラブル

🔊 track 053

1 質問に答えてみよう

① How do you think this woman feels?
この女性はどんな気持ちだと思いますか?

- **I think she looks unhappy.**
  彼女は落ち込んでいるようです。
- **This woman looks frustrated to me.**
  私には不満がたまっているように見えます。
- **This woman looks very upset.**
  彼女は動揺しているようです。

② What is she thinking about?
彼女はなにを考えているのでしょう?

- **My impression is she can't pay her bills.**
  私の印象では、彼女は請求書の支払いができないようです。
- **I think she is in financial trouble.**
  彼女は経済的にトラブルに陥っているのだと思います。
- **It looks like she went over her budget.**
  彼女は予算をオーバーした様子です。

Unit 27 Money Trouble

③ What is she doing?
彼女はなにをしているのですか?

- **She's holding some receipts.**
  彼女はいくつかのレシートを握っています。
- **She's calculating her expenses.**
  出費の計算をしています。
- **She's might be doing her taxes.**
  税金の計算をしているのかもしれません。

④ Do you save money?
あなたは貯金していますか?

- **I generally try to save 20% of my income every month.**
  だいたい、毎月、収入の20%を貯めるようにしています。
- **I try to stay on a budget, but I often spend more than I should.**
  予算どおりに納めるようにしていますが、よく予算をオーバーします。
- **I barely make enough money to make ends meet.**
  私は、かろうじて収支を合わせるのに足りる額しか稼いでいません。

⑤ What are your largest expenses every month?
あなたのいちばん大きな毎月の出費はなんですか?

- **I spend about 30,000 yen on groceries.**
  食料品に約3万円を使っています。
- **My rent is 100,000 yen. That's half of my salary.**
  家賃が10万円です。お給料の半分なんです。
- **My cell phone and cable bills cost me a lot.**
  携帯電話とケーブルテレビの請求に多くのお金がかかります。

vocabulary

① unhappy「不幸な；不満な；惨めな；落ち込んだ」 frustrated「欲求不満の」 upset「動揺した；うろたえた；腹を立てた」 ② financial「経済的な；財政的な」 go over one's budget「予算を超える」 ③ calculate「計算する」 expenses「出費」 do one's taxes「税金の計算・処理をする」 ④ income「収入」 stay on a budget「予算どおりに納める」 more than I should「私がすべき以上に」 barely「かろうじて」 make ends meet「収支を合わせる」 ⑤ cost ...「…にお金がかかる」

2 ひとりで言ってみよう

track 054

スピーチ 1

This woman **looks** very frustrated **to me**. She's **holding** some receipts. **It looks like** she went over her budget. **I've read that** in the US, the average person spends **110% of** their annual income.

私には、この女性は非常にイライラして見えます。彼女は何枚かのレシートを握っています。彼女は予算をオーバーした様子です。アメリカでは、ふつうの人が年収の110％のお金を使うと読んだことがあります。
* annual income「年収」

👍 表現のポイント

推量・想像を述べる　**looks ... to me**「私には…に見える；思える」
進行形で表現する　**is holding**「握っている」
推量・想像を述べる　**It looks like ...**「…のようだ」
伝聞を述べる／経験・完了・過去を述べる　**I've read that ...**「…と読んだことがある」
数・量・割合を表現する　**110% of ...**「…の110％」

Unit 27 Money Trouble

スピーチ 2

This woman looks upset. I think she is in financial trouble. My impression is that she doesn't have enough money to pay her bills. On the other hand, perhaps she realizes she was overcharged. Either way, she's definitely not happy.

この女性は動揺しているようです。彼女は財政的にピンチなのだと思います。私の印象では、請求書の支払いをする十分なお金がないのでしょう。一方で、もしかすると、彼女は余分に請求されているのに気づいたのかもしれません。いずれにしても、絶対に彼女は幸せではありません。
* overcharge「ふつうより高い値を請求する」 Either way, ...「いずれにせよ…」

👍 表現のポイント

推量・想像を述べる　looks ...「…に見える；思える」
意見・感想を述べる　I think ...「…だと思う」
推量・想像を述べる　My impression is that ...「私の印象では…だ」
対照する　On the other hand, ...「だが一方で…；他方で…」
推量・想像を述べる　perhaps「ひょっとすると；もしかすると」
知識・理解を述べる　realizes ...「…だと気づく」
確信を述べる　definitely not ...「確実に…ではない」

スピーチ 3

The woman in this picture is unhappy about something. It appears that she is looking at some bills or receipts. I know how she feels. I often spend more than I should. My rent is 100,000 yen. That's half of my salary! I ought to move somewhere cheaper, or get another job.

この写真の女性はなにかに不満をもっています。彼女は、何枚かの請求書かレシートを見ているようです。私には彼女の気持ちがわかります。私はよく予算をオーバーしてお金を使うのです。うちの家賃は10万円です。それは私の給料の半分なのです！私はもっと安いどこかに引っ越すか、ほかの仕事を探すべきなのです。
* unhappy about ...「…に不満で」

👍 表現のポイント

推量・想像を述べる　It appears that ...「…のようだ」
知識・理解を述べる　I know ...「…がわかる」
傾向・習慣を述べる／頻度を述べる　I often ...「よく…する」
比較して述べる　more than ...「…よりも多く」
数・量・割合を表現する　half of ...「…の半分」
必要を述べる　ought to ...「…すべきだ」
比較して述べる　cheaper「もっと安い」

UNIT 28 A Busy Intersection
にぎやかな交差点

🔊 track 055

1 質問に答えてみよう

① **What is this a picture of?**
これはなんの写真ですか？

- **This picture shows a busy intersection.**
  この写真はにぎやかな交差点を写しています。
- **This looks like a scramble crossing in Tokyo.**
  これは東京のスクランブル交差点のように見えます。
- **This is a picture of people crossing the street.**
  これは人々が通りを横断している写真です。

② **Who took this picture?**
だれがこの写真を撮ったのですか？

- **A person who was in a tall building.**
  高いビルにいた人です。
- **Someone who was in a helicopter.**
  ヘリコプターに乗っていただれかです。
- **Someone that was in a very high place.**
  とても高い場所にいた人です。

Unit 28　A Busy Intersection

③ Why are the cars stopped?
どうして車は停まっているのですか?

- **They are stopped so the people can cross the street.**
  車は、人々が道を渡れるように停まっています。
- **They have to because the signal is red.**
  信号が赤なので、停まらねばなりません。
- **The cars are waiting for the light to change.**
  車は信号が変わるのを待っています。

④ Where do you think this intersection is?
この交差点はどこにあると思いますか?

- **It might be Shibuya. Shibuya is known for its scramble crossings.**
  渋谷かもしれません。渋谷はスクランブル交差点で有名です。
- **It could be Shinjuku.**
  新宿かもしれません。
- **It's somewhere near a large station, because there are a lot of taxis.**
  どこか大きな駅の近くでしょう。なぜなら、タクシーがたくさんいるからです。

⑤ How many of the people do you think are tourists?
人々のどのくらいが旅行者だと思いますか?

- **I think most of the people are tourists.**
  ほとんどの人が旅行者だと思います。
- **I believe at least half of them are tourists.**
  少なくとも彼らの半分は旅行者でしょう。
- **The majority of them are probably tourists.**
  彼らの大部分はおそらく旅行者でしょう。

💬 vocabulary

① intersection「交差点」　scramble crossing「スクランブル交差点」　cross「横断する；横切る；渡る」　③ signal/light「信号」　⑤ tourist「旅行者」　most of …「ほとんどの…」　majority「大部分」

第1部　スピーキングトレーニング編

2　ひとりで言ってみよう

🔊 track 056

スピーチ 1

This picture shows a busy intersection. It's somewhere near a large station, because there are a lot of taxis. The picture is looking down on the street. A person who was in a tall building probably took this picture.

この写真はにぎやかな交差点を写しています。どこか大きな駅の近くにあります。なぜなら、たくさんのタクシーがいるからです。写真は通りを見下ろしています。高いビルにいた人物がおそらくこの写真を撮影したのでしょう。

＊ look down on ...「…を見下ろす」

👍 表現のポイント

全体像を述べる　**This picture shows ...**「この写真は…を表している」
場所・位置・方向を述べる　**somewhere near ...**「…の近くのどこか」
理由を述べる　**because ...**「…なので」
全体像を述べる／進行形で表現する　**The picture is looking down on ...**「この写真は…を見下ろしている」
関係詞で表現する　**who ...**「そしてその人は…」
推量・想像を述べる　**probably**「おそらく」

Unit 28 A Busy Intersection

スピーチ 2

This is a picture of people crossing the street. Not all of the people are using the crosswalks. Some of them are crossing in the middle of the street. The cars are waiting for the light to change.

これは人々が通りを渡っている写真です。すべての人が横断歩道を渡っているわけではありません。通りの真ん中を渡っている人もいます。車は信号が変わるのを待っているところです。
* crosswalk「横断歩道」

表現のポイント

全体像を述べる　This is a picture of ...「これは…の写真だ」
数・量・割合を表現する　Not all of the people「人々のすべてが…ではない」
進行形で表現する　are using「利用している」
数・量・割合を表現する　Some of ...「…のいくらか；いく人か」
進行形で表現する　are crossing「横切っている；渡っている」
場所・位置・方向を述べる　in the middle of ...「…の真ん中を」
進行形で表現する　are waiting for ...「…を待っている」

スピーチ 3

This looks like a scramble crossing in Tokyo. It might be Shibuya. Shibuya is known for its scramble crossings. Many people are walking across the street. The majority of them are probably tourists. Shibuya is a very popular tourist attraction. A lot of people go there to see a famous statue of a dog, called "Hachiko."

これは東京のスクランブル交差点に見えます。渋谷かもしれません。渋谷はスクランブル交差点で有名なんです。多くの人が通りを横切って歩いています。彼らの大部分はおそらく旅行者でしょう。渋谷はとても人気のある観光地なんです。多くの人が「ハチ公」と呼ばれる有名な犬の像を見にそこへ行きます。
* tourist attraction「観光地」

表現のポイント

推量・想像を述べる　This looks like ...「これは…のように見える；…のようだ」
　　　　　　　　　might ...「…かもしれない」
目立つ点・特徴を述べる　is known for ...「…で知られている」
数・量・割合を表現する　Many ...「多くの…」
　　　　　　　　　The majority of ...「…の大半・大多数は」
目立つ点・特徴を述べる　is a very popular ...「とても人気のある…だ」
目的・手段を述べる　to see「見るために」

UNIT 29　A Jungle Cruise
ジャングル・クルーズ

🔊 track 057

1　質問に答えてみよう

①
What are these people doing?
この人たちはなにをしているのですか？

- **They are sitting in a canoe.**
  彼らはカヌーの中に座っています。
- **These people are canoeing down a river.**
  この人たちは、カヌーを漕いで川を下っています。
- **They are taking a boat ride.**
  彼らはボート乗りをしています。

②
What do you think they are looking at?
彼らはなにを見ていると思いますか？

- **They are looking up. Perhaps they saw a bird.**
  彼らは見上げています。もしかすると鳥を見たのでしょう。
- **They might be looking at monkeys in the trees.**
  木々の中のサルを見ているのかもしれません。
- **I guess they saw an interesting animal.**
  おそらくおもしろい動物を見たのでしょう。

Unit 29 A Jungle Cruise

③ What is the weather like?
お天気はどのようですか?

- **It doesn't appear cold. One of the women is wearing a T-shirt.**
  寒そうではありません。女性のひとりはTシャツを着ています。
- **It looks like a nice, sunny day.**
  いいお天気の晴れた日に見えます。
- **The weather is clear. It seems to be a perfect day for canoeing.**
  お天気は晴れています。カヌーをするのには完璧な日に思えます。

④ Where do you think they are?
彼らはどこにいると思いますか?

- **I suppose they are in a jungle.**
  ジャングルにいるのでしょう。
- **It looks like they are in a tropical location.**
  熱帯の地域にいるようです。
- **They could be in a park.**
  公園にいるのかもしれません。

⑤ Who is paddling the canoe?
だれがカヌーを漕いでいますか?

- **The man wearing glasses is paddling the canoe.**
  メガネをかけている男性がカヌーを漕いでいます。
- **The woman in front was paddling but she stopped.**
  先頭の女性は漕いでいましたが、やめました。
- **The man in back could be holding a paddle.**
  後ろの男性がパドルを持っているかもしれません。

🗨 vocabulary

① canoe down「カヌーで下る」 take a boat ride「ボート乗りをする」 ② look up「見上げる」 ③ clear「晴れた；快晴の」 perfect「完璧な」 ④ tropical「熱帯の」 location「場所」 ⑤ paddle「櫂で漕ぐ；漕いで進める」 in front「前方の；先頭の」

第1部 スピーキングトレーニング編

2 ひとりで言ってみよう

🔊 track 058

スピーチ 1

These people are canoeing down a river. I'm not sure, but it looks like there are four people in the boat. Three of them are looking up. Perhaps they saw a bird. They are surrounded by a forest, so they will probably see a variety of animals.

この人たちは、川をカヌーで下っています。よくわかりませんが、ボートには4人の人物が乗っているようです。彼らのうち3人は上を見上げています。もしかすると、鳥を見たのかもしれません。彼らは森に囲まれていますから、おそらくいろいろな動物を見ることでしょう。
* variety of ... 「いろいろな…」

👍 表現のポイント

疑問・不明を述べる　I'm not sure, but ... 「はっきりわからないが…」
推量・想像を述べる　it looks like ... 「…のようだ」
数・量・割合を表現する　Three of ... 「…の3人」
推量・想像を述べる　Perhaps ... 「ひょっとすると」
経験・完了・過去を述べる　saw a bird 「鳥を見た」
受け身で表現する　are surrounded by ... 「…に囲まれている」
未来時制で表現する　will ... 「…だろう」

Unit 29 A Jungle Cruise

スピーチ 2

This picture is of a group of people canoeing. It looks like a nice, sunny day. It looks like they are in a tropical location. I suppose they are in a jungle. Several of them are looking up at something, perhaps a bird or a wild animal.

この写真は、グループがカヌーをしているところです。よく晴れたすてきな日のようです。彼らは熱帯の地域にいるように見えます。ジャングルにいるのでしょう。彼らの数人はなにかを見上げています。もしかすると鳥か野生の動物でしょう。
* wild「野生の」

👍 表現のポイント

全体像を述べる　This picture is of ...「これは…についての写真だ」
推量・想像を述べる　It looks like ...「…のようだ」
気象・天候の表現　a nice, sunny day「すてきな晴れの日」
存在を表す　they are in ...「彼らは…にいる」
推量・想像を述べる　I suppose ...「…だと思う」
数・量・割合を表現する　Several of ...「…のいく人か」
推量・想像を述べる　perhaps「ひょっとすると；もしかしたら」

スピーチ 3

These people are paddling a canoe down a river. The woman in front was paddling but she stopped. I think she saw something interesting. We can't see what it is in the picture. Canoeing is a popular and relaxing way to enjoy nature.

この人たちは、カヌーを漕いで川を下っています。先頭の女性は漕いでいましたが、やめました。なにかおもしろいものを見つけたのだと思います。写真では、それがなにかわかりません。カヌーは人気があって、くつろいで自然を楽しむ方法なんです。
* relaxing「くつろがせる；ほっとする」

👍 表現のポイント

進行形で表現する　are paddling a canoe「カヌーを漕いでいる」
場所・位置・方向を述べる　down ...「…を下のほうへ」
　　　　　　　　　　　　in front「前の」
逆接・順接で述べる　... but ...「…だが…」
経験・完了・過去を述べる　stopped「やめた；中断した」
意見・感想を述べる　I think ...「…だと思う」
目的・手段を述べる　to enjoy ...「…を楽しむための」

125

UNIT 30 Raise a Glass

乾杯

track 059

1 質問に答えてみよう

①
What are these people doing?
この人たちはなにをしているのですか？

- **They are drinking together.**
  いっしょにお酒を飲んでいます。
- **They are drinking at a bar.**
  彼らはバーでお酒を飲んでいます。
- **They are having a drink together.**
  彼らはいっしょにお酒を飲んでいるところです。

②
What are they drinking?
彼らはなにを飲んでいますか？

- **Two of the women are drinking wine.**
  女性のうちふたりはワインを飲んでいます。
- **The men are drinking beer.**
  男性たちはビールを飲んでいます。
- **One of the women is drinking a cocktail.**
  女性のひとりはカクテルを飲んでいます。

126

Unit 30　Raise a Glass

③ Do you ever go to a bar?
バーには行きますか?

- **I go out drinking with co-workers several times a week.**
  週に数回、同僚と飲みに出かけます。
- **I sometimes go to a bar with friends on weekends.**
  ときどき週末に友人とバーに行きます。
- **I can't drink alcohol, but I still go occasionally.**
  アルコールが飲めないのですが、それでもたまに行きます。

④ How old do you think these people are?
この人たちは何歳だと思いますか?

- **I think they're in their late 20's.**
  20代後半だと思います。
- **I believe they are in their mid-30's.**
  30代の半ばだと思います。
- **They must be at least 20 since they are drinking alcohol.**
  アルコールを飲んでいるので、少なくとも20歳のはずです。

⑤ Why are they laughing?
彼らは、どうして笑っているのですか?

- **Maybe somebody told a joke.**
  たぶんだれかがジョークを言ったのでしょう。
- **They're laughing because they are having fun.**
  楽しいから笑っているんです。
- **Because they are enjoying their time together.**
  いっしょに過ごす時間を楽しんでいるからです。

vocabulary

③ **go out drinking**「飲みに出かける」　**weekend**「週末」　**occasionally**「時折」　④ **in one's late 20's**「20歳代後半の」　**in one's mid-30's**「30歳代半ばの」　⑤ **have fun**「楽しむ」

第1部　スピーキングトレーニング編

2　ひとりで言ってみよう

🔊 track 060

スピーチ 1

In this picture a group of friends are sharing a laugh. They are drinking at a bar. Two of the women are drinking wine. The third woman is drinking a cocktail. Of course, she might also just be drinking a soft drink. However, I think it's a cocktail because there is a thin straw in her rocks glass.

この写真では、友人グループがともに笑い合っています。彼らはバーでお酒を飲んでいます。女性のうちふたりはワインを飲んでいます。3番目の女性はカクテルを飲んでいます。もちろん、彼女は単にソフトドリンクを飲んでいるのかもしれません。しかし、彼女のロック・グラスに細いストローが刺さっているのでカクテルだと思います。

＊share「共有する；分かち合う」　thin「細い；やせた」

👍 表現のポイント

数・量・割合を表現する　**Two of ...**「…のふたり；ふたつ」
順序立てて説明する　**The third ...**「3番目の…」
推量・想像を述べる　**might ...**「…かもしれない」
逆接・順接で述べる　**However, ...**「しかしながら…」
理由を述べる　**because ...**「…だから」
存在を表す　**there is ...**「…がある」

Unit 30 Raise a Glass

スピーチ 2

I go out drinking with co-workers several times a week. By drinking together, we can relax and socialize with each other. Sometimes we just have drinks, but we often have dinner together too. My wife often gets mad at me because I get home so late.

私は週に数回、同僚とお酒を飲みに出かけます。いっしょに飲むことで、互いにリラックスして打ち解けた会話ができるんです。ときにはお酒を飲むだけのこともありますが、いっしょに食事をすることもよくあります。とても遅く帰宅するので、よく妻に怒られるんです。

* socialize「打ち解けて話す；交際する」 get mad at ...「…に怒る；かっとなる」

表現のポイント

頻度を述べる　**several times a week**「週に何度か」
目的・手段を述べる　**By -ing**「…することで」
頻度を述べる　**Sometimes ...**「ときには…；ときどき…」
逆接・順接で述べる　**..., but ...**「…だが…」
頻度を述べる　**often**「よく」
理由を述べる　**because ...**「…だから」

スピーチ 3

This is a group of people at a bar. I believe they are in their mid-30's. On the other hand they could be younger. If they are in Japan, they must be at least 20 since they are drinking alcohol. Unlike Japan, I've heard you have to be 21 to drink in the U.S.

これはグループがバーにいるところです。彼らは30代の半ばだと思います。しかし、一方で、彼らはもっと若いのかもしれません。お酒を飲んでいるので、もし日本にいるのなら、彼らは少なくとも20歳のはずです。アメリカでは、日本と違って、お酒を飲むには21になっていなければならないと聞いたことがあります。

* Unlike ...「…とは違って」

表現のポイント

全体像を述べる　**This is a group of ...**「これは…の一団だ」
意見・感想を述べる　**I believe ...**「…だと思う」
数・量・割合を表現する　**in their mid-30's**「30代半ばの」
対照する　**On the other hand ...**「他方で…；しかしもう一方で…」
推量・想像を述べる　**could ...**「…かもしれない；可能性がある」
仮定する　**If A, B.**「もしAならB」
必要を述べる　**must ...**「…しなければならない」
理由を述べる　**since ...**「…なので」

UNIT 31 Shopping with Grandpa
祖父との買い物

🔊 track 061

1 質問に答えてみよう

① **Who is in this picture?**
この写真にはだれがいますか？

- **It's a picture of a man and a young boy.**
  それは、男性と少年の写真です。
- **I think it's a grandfather and his grandson.**
  おじいさんと彼の孫だと思います。
- **A middle-aged man and a child.**
  中年の男性と子どもです。

② **What were they doing?**
彼らはなにをしていたのでしょう？

- **They were shopping together.**
  彼らは、いっしょに買い物をしていました。
- **They were buying groceries.**
  食料品の買い物をしていました。
- **They were doing some shopping.**
  ちょっと買い物をしていました。

Unit 31 **Shopping with Grandpa**

③ What is in the shopping cart?
ショッピングカートにはなにが入っていますか?

- **There's a paper bag full of groceries.**
  食料品がいっぱい入っている袋があります。
- **It looks like there is some bread and fruit.**
  いくらかのパンと果物があるようです。
- **I can see a grocery bag and a gift bag.**
  食料品の袋と贈り物の袋が見えます。

④ Why do you think the boy is smiling?
男の子はどうして笑っているのだと思いますか?

- **Probably because he received a present.**
  おそらくプレゼントをもらったからでしょう。
- **I imagine he's smiling because he loves his grandpa very much.**
  私の想像では、祖父のことが大好きだからほほえんでいるのだと思います。
- **I'm sure he's happy to spend time with his grandfather.**
  きっと、祖父と時間を過ごしてうれしいのでしょう。

⑤ What do you think they'll do next?
彼らは次になにをすると思いますか?

- **I guess they'll get into their car.**
  たぶん車に乗ると思います。
- **They might go to another store.**
  ほかの店に行くのかもしれません。
- **My guess is that they'll go home.**
  帰宅するのだと思います。

💬 vocabulary

① grandfather/grandpa「祖父」 grandson「孫」 middle-aged「中年の」 middle age は40歳～60歳程度を指す。 ② groceries「食料雑貨」 do shopping「買い物をする」 ③ full of ...「…でいっぱいの」 gift「贈答品；贈り物」 ④ spend time「時間を過ごす」 ⑤ another「ほかの」

▶▶▶ 131

第1部　スピーキングトレーニング編

2　ひとりで言ってみよう

track 062

スピーチ 1

This picture shows a middle-aged man and a young boy. **I think** it's a grandfather and his grandson. **It appears that** they **were shopping** together. They are **both** pushing a shopping cart. When I was young my grandfather **would** take me shopping on weekends.

この写真には、中年男性と少年が写っています。おじいさんと孫だと思います。彼らはいっしょに買い物をしていたようです。ふたりともショッピングカートを押しています。小さい頃、私の祖父は、よく週末に私を買い物に連れていってくれました。

* push「押す」

👍 表現のポイント

全体像を述べる　**This picture shows ...**「この写真は…を示している」
意見・感想を述べる　**I think ...**「…だと思う」
推量・想像を述べる　**It appears that ...**「…のようだ」
進行形で表現する　**were shopping**「買い物していた」
共通・類似・同一に言及する　**both ...**「両方とも…；ふたりとも…」
経験・完了・過去を述べる　**would ...**「よく…したものだ」

Unit 31 Shopping with Grandpa

スピーチ 2

These two people are walking out of a store together. They obviously spent the day shopping together. In the shopping cart, there's a paper bag full of groceries. It looks like there is some bread and fruit in the bag. There's also a gift bag.

このふたりはいっしょにお店から歩いて出てくるところです。彼らがこの日いっしょに買い物をして過ごしたのは明らかです。ショッピングカートの中には、食料品でいっぱいの紙袋があります。袋にはいくらかのパンや果物が入っているようです。また、贈り物の袋もひとつあります。

👍 表現のポイント

進行形で表現する　are walking「歩いている」
場所・位置・方向を述べる　out of ...「…から外へ」
確信を述べる　obviously「明らかに」
場所・位置・方向を述べる　In ...「…の中に」
存在を表す　there's ...「…がある」
推量・想像を述べる　It looks like ...「…のようだ」

スピーチ 3

The little boy in this picture is smiling. I imagine he's smiling because he loves his grandfather very much. The older man has his hand on the boy's shoulder. They are pushing a shopping cart outside of a store. My guess is that they'll go home next.

この写真の小さな少年はほほえんでいます。おじいさんのことが大好きなのでほほえんでいるのでしょう。年配の男性は少年の肩に手を置いています。彼らは店の外でショッピングカートを押しています。このあと、彼らは帰宅するのだと思います。
＊ older man「年配・年上の男性」　have one's hand on ...「…に手を置く」　shoulder「肩」

👍 表現のポイント

進行形で表現する　is smiling「ほほえんでいる」
推量・想像を述べる　I imagine ...「…と想像する」
理由を述べる　because ...「…だから」
好みを述べる　he loves ... very much「彼は…が大好きだ」
進行形で表現する　are pushing「押している」
場所・位置・方向を述べる　outside of ...「…の外で」
推量・想像を述べる　My guess is that ...「私の推測では…だ」
未来時制で表現する　will go home「帰宅するでしょう」

UNIT 32 Boarding the Bus
バスへの乗車

🔊 track 063

1 質問に答えてみよう

① What does this picture show?
この写真にはなにが写っていますか?

- **This picture shows a group of kids boarding a school bus.**
  この写真には子どものグループがスクールバスに乗るところが写っています。
- **In this picture, five children are getting on a bus.**
  この写真では、5人の子どもがバスに乗り込んでいます。
- **Several young students are leaving for school.**
  数人の幼い生徒たちが学校へ出発するところです。

② What are the children carrying?
子どもたちはなにを持っていますか?

- **Most of them are carrying backpacks.**
  ほとんどの子どもはバックパックを持っています。
- **They are all carrying book bags.**
  みんな学習カバンを持っています。
- **They are all wearing or carrying rucksacks.**
  全員がリュックサックを背負ったり持っていたりします。

Unit 32 Boarding the Bus

③ What do you think is in their book bags?
彼らの学習カバンにはなにが入っていると思いますか?

- **I'm sure there are textbooks.**
  きっと教科書が入っています。
- **Probably lunch boxes, homework and books.**
  おそらく、お弁当箱と、宿題、それに本です。
- **I imagine the kids are carrying their school supplies.**
  子どもたちは学用品を持っているのだと思います。

④ The last two kids look like brothers. Why?
最後のふたりの子どもは兄弟のように見えます。どうしてですか?

- **Because they are both wearing the same shorts.**
  ふたりとも同じ半ズボンを履いているからです。
- **Their shirts and backpacks are identical.**
  シャツとバックパックがまったく同じです。
- **They have similar haircuts.**
  似たような髪型をしています。

⑤ Did you ride a school bus to school?
学校へはスクールバスで行きましたか?

- **No. I lived close to the school so I walked.**
  いいえ。学校の近くに住んでいたので徒歩でした。
- **I took the train every day.**
  毎日、電車に乗っていきました。
- **No. In Japan school buses are very rare. Most people walk to school.**
  いいえ。日本の学校ではスクールバスは非常に稀です。ほとんどの人が歩いて学校へ行きます。

vocabulary

① **board**「乗り込む；搭乗する」 **leave for ...**「…に向けて出発する」 ② **carry**「携行する；持ち運ぶ」 **book bag**「学習用の本などを入れるカバン」 **wear**「身につける；(バックパックなどを)背負う」 ③ **school supplies**「学用品」 ④ **identical**「同一の；まったく同じ」 **similar**「似た」 **haircut**「髪型」 ⑤ **ride**「乗る」

135

2 ひとりで言ってみよう

track 064

スピーチ 1

In this picture, five children are getting on a bus. This bus is a school bus. In Japan school buses are very rare. Most people walk to school, or take the train. I hear that in the U.S. kids are either picked up by school bus or driven to school by their parents.

この写真では、5人の子どもたちがバスに乗り込んでいます。このバスはスクールバスです。日本では、スクールバスは非常に稀です。ほとんどの人が歩いて学校へ行くか、電車に乗ります。アメリカでは、子どもたちはスクールバスに拾ってもらうか、両親に車で送ってもらうかのどちらかだと聞いています。

＊either「(ふたつのうち) どちらかの」

👍 表現のポイント

場所・位置・方向を述べる　In ...「…では」
数・量・割合を表現する　very rare「非常に稀な」
　　　　　　　　　　　　Most ...「ほとんどの…」
傾向・習慣を述べる　walk to school「(習慣的に)歩いて学校へ行く」
伝聞を述べる　I hear that ...「…だと聞いている」
受け身で表現する　are picked up by ...「…に拾ってもらう」
　　　　　　　　　are driven to ...「…まで車に乗せていってもらう」

Unit 32 Boarding the Bus

スピーチ 2

These children are on their way to school. Most of them are carrying backpacks. In their bags, I'm sure there are textbooks. They are probably also carrying school supplies like pens, papers and notebooks. Some of them might have lunch boxes too.

この子どもたちは学校へ行く途中です。彼らのほとんどはバックパックを持っています。バッグの中には、きっと教科書が入っているでしょう。おそらく彼らは、ペンやプリント、ノートといった学用品も持っているでしょう。何人かはお弁当箱も持っているかもしれません。
* on one's way to ...「…に行く途中」　papers「プリント類」

表現のポイント

数・量・割合を表現する　Most of ...「…のほとんど」
確信を述べる　I'm sure ...「きっと…だと思う」
推量・想像を述べる　probably「おそらく」
例示する　like ...「…といった」
数・量・割合を表現する　Some of ...「…のいく人か；いくらか」
推量・想像を述べる　might ...「…かもしれない」

スピーチ 3

There are two boys who are last in line. They look like they are twins. Firstly, because they are both wearing the same shorts. In addition, their shirts and backpacks are identical. Lastly, their haircuts are the same. If they aren't twins they are certainly brothers.

列の最後にふたりの少年がいます。彼らは双子のように見えます。まず第一に、ふたりは同じ半ズボンを履いているからです。それに、彼らのシャツとバックパックはまったく同じです。最後に、彼らの髪型が同じです。双子でないとしたら、確実に兄弟でしょう。
* twins「双子」

表現のポイント

関係詞で表現する　who ...「そしてその人たちは…」
推量・想像を述べる　look like ...「…のようだ；…のように見える」
順序立てて説明する　Firstly, ...「まず第一に…」
共通・類似・同一に言及する　both「両方とも；ふたりとも」
　　　　　　　　　　　　　the same ...「同じ…」
追加する　In addition, ...「さらに…」
共通・類似・同一に言及する　identical「まったく同じ」
順序立てて説明する　Lastly, ...「最後に…」
確信を述べる　certainly「確実に」

UNIT 33 A Woman and Her Bike
女性と自転車

🔊 track 065

1 質問に答えてみよう

①
What is this woman doing?
この女性はなにをしているのですか？

- **She's sitting on a bench.**
  彼女はベンチに座っています。
- **She's using her cellphone.**
  彼女は携帯電話を使っています。
- **She's taking a break from riding her bike.**
  サイクリングの休憩の最中です。

②
How did she get here?
彼女はどうやってここへ来たのでしょう？

- **She rode her bicycle.**
  自転車に乗ってきました。
- **There's a bike behind her, so I think she rode here.**
  後ろに自転車があるので、ここへ乗ってきたのだと思います。
- **She biked to this place, probably from home.**
  彼女は、おそらく家からこの場所まで自転車に乗ってきました。

138

Unit 33 A Woman and Her Bike

③ **What do you think she's doing on her phone?**
彼女は電話でなにをしていると思いますか?

- **She might be posting something on Facebook.**
  なにかをFacebookに投稿しているのかもしれません。
- **She could be sending a text.**
  ショートメッセージを送っているのかもしれません。
- **I think she's reading her e-mail.**
  彼女はEメールを読んでいるのだと思います。

④ **What is she wearing?**
彼女はなにを身につけていますか?

- **She's wearing a pair of shorts.**
  彼女は半ズボンを履いています。
- **She's wearing a straw hat.**
  彼女は麦わら帽をかぶっています。
- **It looks like she's wearing a denim, long-sleeved shirt.**
  彼女はデニムの長袖シャツを着ているようです。

⑤ **Where do you think she is?**
彼女はどこにいると思いますか?

- **She's probably in a city park, since there are tall buildings.**
  高いビルがあるので、たぶん都市の公園でしょう。
- **She might be on a college campus.**
  大学のキャンパスにいるのかもしれません。
- **Wherever she is, she's not far from home.**
  どこにいるにしても、家から遠くではありません。

vocabulary

① cellphone「携帯電話」 take a break「休憩する」 ② bike「自転車に乗る;乗って旅をする」 ③ post「(SNSなどに)投稿する」 text「ショートメール;ショートメッセージ;SMS」 e-mail「Eメール」 ④ long-sleeved「長袖の」 ⑤ Wherever she is, ...「彼女がどこにいようとも…」譲歩を表す。

2 ひとりで言ってみよう

track 066

スピーチ 1

In this photo, a young woman is sitting on a bench. The bench is most likely in a park somewhere. There's a bike behind her, so I think she rode here. There's a cup next to her on the bench. I don't know, but I think it's probably coffee.

この写真では、若い女性がベンチに座っています。ベンチはおそらくどこかの公園にあるのでしょう。彼女の後ろに自転車があるので、ここまで自転車に乗ってきたのだと思います。ベンチの上の彼女の隣にはカップが置いてあります。わかりませんが、たぶんコーヒーだと思います。
* in a park somewhere「どこかの公園に」

表現のポイント

全体像を述べる　**In this photo, ...**「この写真では…」
推量・想像を述べる　**most likely**「おそらく；十中八九」
存在を表す　**There's ...**「…がある」
場所・位置・方向を述べる　**behind ...**「…の後ろに」
逆接・順接で述べる　**..., so ...**「…なので…」
場所・位置・方向を述べる　**next to ...**「…の隣に」
疑問・不明を述べる　**I don't know, but ...**「わからないが…」
推量・想像を述べる　**I think it's probably ...**「おそらく…だと思う」

Unit 33 A Woman and Her Bike

スピーチ 2

This young lady is taking a break from her bike ride. At the moment, she's using her cellphone. She's obviously not talking on the phone. She might be posting something on Facebook. Or, she could be sending a text to someone.

この若い女性はサイクリング中に休憩をしているところです。ちょうどいま、彼女は携帯電話を使っています。明らかに電話で話はしていません。なにかを Facebook に投稿しているのかもしれません。あるいは、だれかにショートメールを打っているのかもしれません。
* Or, ... 「あるいは…」

👍 表現のポイント

進行形で表現する　is taking a break 「休憩している…」
時間・時刻の表現　At the moment, ... 「ちょうどいま…；このとき…」
進行形で表現する　is using 「使っている」
　　　　　　　　　is not talking 「話していない」
確信を述べる　obviously 「明らかに」
推量・想像を述べる　might ... 「…かもしれない」
進行形で表現する　be sending 「送信している」

スピーチ 3

This young woman looks like a college student. She might be on a college campus. Perhaps she commutes to school by bicycle. It looks like summertime, since she's wearing a pair of shorts.

この若い女性は大学生のようです。彼女は大学のキャンパスにいるのかもしれません。もしかすると、自転車で通学しているのかもしれません。彼女が半ズボンを履いているので、夏の時期のようです。
* commute to ... 「…へ通勤・通学する」

👍 表現のポイント

推量・想像を述べる　looks like ... 「…のようだ；…に見える」
　　　　　　　　　might ... 「…かもしれない」
存在を表す　be on a college campus 「大学のキャンパスにいる」
推量・想像を述べる　Perhaps ... 「もしかすると…」
　　　　　　　　　It looks like ... 「…のようだ」
気象・天候の表現　summertime 「夏の時期」
理由を述べる　since ... 「…なので」

UNIT 34 Rollercoaster Ride
ジェットコースターに乗る

🔊 track 067

1 質問に答えてみよう

①
Where are these people?
この人たちはどこにいるのですか？

- **The people in this picture are at an amusement park.**
  この写真の人々は遊園地にいます。
- **They are on a roller coaster.**
  彼らはジェットコースターに乗っています。
- **These people are on a ride, perhaps at a fair.**
  この人たちは、おそらく移動式遊園地の乗り物に乗っています。

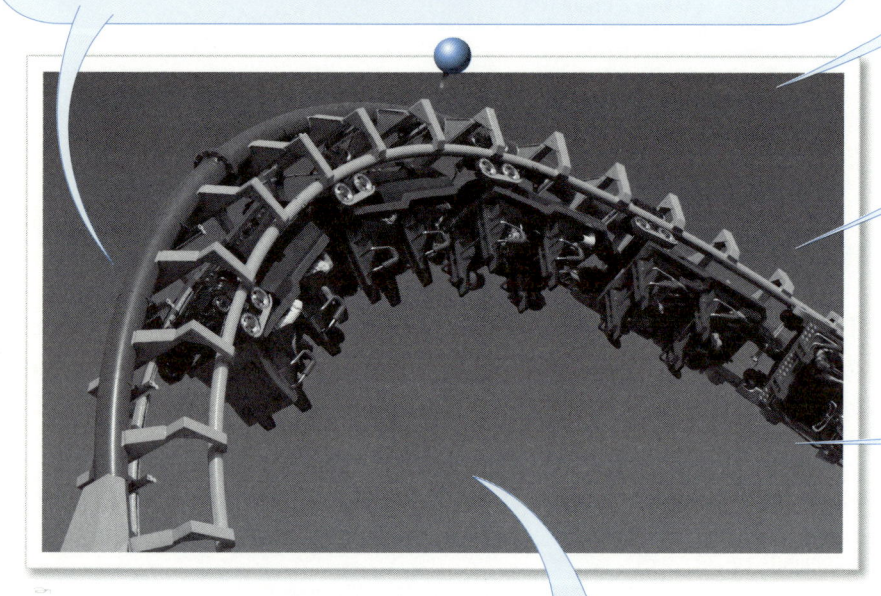

②
How do you think the riders feel?
乗っている人はどんな気分だと思いますか？

- **They must be thrilled.**
  きっとぞくぞくしているでしょう。
- **I think they are very excited.**
  とても興奮していると思います。
- **Some of them are probably scared.**
  彼らのいくらかは、たぶんおびえているでしょう。

Unit 34 Rollercoaster Ride

③ Have you ever ridden a roller coaster?
いままでに、ジェットコースターに乗ったことがありますか？

- **I haven't been on one since I was in my teens.**
  10代の頃以来、乗っていません。
- **I go to amusement parks every year.**
  私は、毎年、遊園地に行きます。
- **No. I've never been on one before.**
  いいえ。これまでに一度も乗ったことはありません。

④ Do you like roller coasters?
ジェットコースターは好きですか？

- **I can't stand them. I don't like heights.**
  私には耐えられません。高いところが嫌いなんです。
- **I'm scared to ride them. I don't think they're safe.**
  恐くて乗れません。安全だとは思わないんです。
- **I love riding roller coasters. I always have.**
  ジェットコースターに乗るのが大好きです。これまでもずっとそうでした。

⑤ Would you like to ride this coaster?
このコースターに乗りたいですか？

- **No way. I don't like being upside down.**
  無理ですよ。逆さまになるのは好きじゃないんです。
- **Sure. It looks like fun!**
  もちろん。楽しそうですよ！
- **I'm not sure. I need to see it first.**
  さあ。まずは見てみないと。

🗨 vocabulary

① **amusement park**「遊園地」 **roller coaster**「ジェットコースター」 **ride**「乗り物」 **fair**「移動式の遊園地」　② **rider**「乗り手；乗っている人」 **thrilled**「わくわくした；ぞくぞくした」 **scared**「おびえた」　③ **in one's teens**「10代の」 **before**「以前に」　④ **stand**「がまんする；耐える」 **heights**「高所」 **be scared to ...**「恐くて…できない」 **I always have**は、ここでは I always have loved them. の略。I always have and I always will. 「これまでも、これからもずっとそうです」のように省略された形で使われる。　⑤ **No way.**「無理；あり得ない；すごい」 **upside down**「逆さまに」

第1部　スピーキングトレーニング編

2　ひとりで言ってみよう

🔊 track 068

スピーチ 1

The people in this picture are at an amusement park. They are on a roller coaster. Roller coasters are very popular rides at theme parks. In fact, many parks around the world compete to have the fastest or tallest roller coaster.

この写真の人たちは遊園地にいます。彼らはジェットコースターに乗っているところです。ジェットコースターはテーマパークではとても人気のある乗り物です。実際、世界中の多くのパークが、もっとも速い、あるいは、もっとも背の高いジェットコースターを持とうと競い合っています。
* compete to ... 「…するのを競う」

👍 表現のポイント

場所・位置・方向を述べる　at ...「…に」
存在を表す　They are on ...「彼らは…に乗っている」
目立つ点・特徴を述べる　are very popular ...「とても人気のある…だ」
目的・手段を述べる　to ...「…するために」
比較して述べる　the fastest or tallest ...「最速あるいはもっとも背が高い…」

Unit 34 Rollercoaster Ride

スピーチ 2

These people are riding a roller coaster. Most of them are surely very excited. I imagine some of them are probably scared. I used to like roller coasters very much, but I haven't been on one since I was in my teens.

この人たちはジェットコースターに乗っています。彼らのほとんどはきっととても興奮しています。彼らの中には、おびえている人もいくらかいるだろうと思います。私は、以前はジェットコースターがとても好きでしたが、10代の頃以来まったく乗っていません。

👍 表現のポイント

数・量・割合を表現する　**Most of ...**「…のほとんど」
確信を述べる　**surely**「確実に；きっと」
推量・想像を述べる　**I imagine ...**「…と想像する」
数・量・割合を表現する　**some of ...**「…のいく人か；…のいくらか」
推量・想像を述べる　**probably**「おそらく；たぶん」
経験・完了・過去を述べる　**used to ...**「かつては…したものだ」
　　　　　　　　　　　　　haven't been on ...「…に乗っていない」
時間・時刻の表現　**since ...**「…以来」

スピーチ 3

Roller coasters are the most prominent of many amusement park rides. It looks like fun to me, but I'm scared to ride them. I don't think they're safe. It's true you don't often hear about accidents. However, once in a while they do happen.

ジェットコースターは、多くのアミューズメントパークの乗り物の中でもっとも目につくものです。楽しそうですが、私は恐くて乗れません。コースターが安全だとは思わないのです。確かに事故についてはそんなに聞きません。しかし、時折、起きてはいるのです。

* **prominent**「目立った；突出した；卓越した」　**It's true that ...**「確かに…だ」　**accident**「事故」
　once in a while「時折」　**they do happen** の do は強調。

👍 表現のポイント

目立つ点・特徴を述べる　**the most prominent**「もっとも目立った」
推量・想像を述べる　**It looks like ...**「…のようだ」
逆接・順接で述べる　**..., but ...**「…だが…」
意見・感想を述べる　**I don't think ...**「…だと思わない」
伝聞を述べる　**hear about ...**「…について耳にする」
逆接・順接で述べる　**However, ...**「しかしながら…」
頻度を述べる　**once in a while**「時折」

UNIT 35　A Riverside View
河畔の風景

🔊 track 069

1　質問に答えてみよう

① What is this a picture of?
これはなんの写真ですか？

- **It's a picture of a city by a river.**
  川沿いの都市の写真です。
- **It's a picture of a cruise ship cruising past a city.**
  都市を巡航して通過している大型客船の写真です。
- **There's a sightseeing boat on the right, and a city on the left.**
  右手に観光船があり、左手に都市があります。

② What do you think people on the boat are doing?
船の人たちはなにをしていると思いますか？

- **I imagine they are taking pictures.**
  写真を撮影しているのだと思います。
- **They are probably listening to a tour guide.**
  おそらくツアーガイドを聞いているでしょう。
- **They could be eating and drinking.**
  食べたり飲んだりしているかもしれません。

Unit 35　A Riverside View

③ **How many boats do you see?**
何隻の船が見えますか?

- **There are two boats.**
  2隻の船があります。
- **There's a big boat on the right, and a smaller boat on the left.**
  右手に大きな船があり、小さな船が左手にあります。
- **There are two. Both are big, but the one on the right is much bigger.**
  2隻です。どちらも大きいのですが、右のほうがずっと大型です。

④ **One building is taller than the rest. What do you think it is?**
ひとつのビルが残りのビルよりも高いです。なんだと思いますか?

- **It looks like an office building.**
  オフィスビルのように見えます。
- **The tall building might be a bank.**
  高いビルは銀行かもしれません。
- **It could be a corporate headquarters.**
  企業の本社かもしれません。

⑤ **What is the weather like?**
お天気はどうですか?

- **It's a beautiful day.**
  すばらしいお天気です。
- **The weather is picture-perfect.**
  絵に描いたように見事な天気です。
- **It looks like a warm, sunny day.**
  暖かく晴れた日のようです。

vocabulary

① **cruise ship**「大型巡航客船」　**cruise past ...**「…を巡航して通過する」　**sightseeing**「観光」
③ **much bigger**「ずっと大きい」　④ **corporate headquarters**「企業の本社」　⑤ **picture-perfect**「絵に描いたように見事な;完璧に絵になる;完璧な」

第1部　スピーキングトレーニング編

2　ひとりで言ってみよう

🔊 track 070

スピーチ 1

This is a picture of a city by a river. There are several boats on the river. It looks like a warm, sunny day. I'm surprised there aren't more boats on the water. This is a very wide river, so it makes the boats look smaller than they really are.

これは川沿いの都市の写真です。川にいくつかの船が浮かんでいます。暖かく晴れた日のようです。川にもっと多くの船がいないのは驚きです。これは広い川なので、実際よりも船が小さく見えています。

* make ... look smaller「…をより小さく見せる」

👍 表現のポイント

全体像を述べる　This is a picture of ...「これは…についての写真だ」
場所・位置・方向を述べる　by ...「…の側の」
推量・想像を述べる　It looks like ...「…のようだ」
気象・天候の表現　a warm, sunny day「暖かく晴れた日」
意見・感想を述べる　I'm surprised ...「…なのは驚きだ」
比較して述べる　more ...「もっと多くの…」
逆接・順接で述べる　..., so ...「…なので…」
比較して述べる　smaller than ...「…よりも小さく」

Unit 35　A Riverside View

スピーチ 2

In this picture, there's a sightseeing boat on the right, and a city on the left. The boat is likely full of tourists. They are probably listening to a tour guide as they cruise down the river. Many boats like this offer dinner cruises, so they could be eating and drinking as well.

この写真では、右手に観光船があって、左手に都市があります。船はおそらく観光客でいっぱいです。川を下りながら、おそらく彼らはツアーガイドを聞いているでしょう。このような船の多くはディナークルーズを提供しているので、彼らは食べたり飲んだりもしているかもしれません。
＊ as ... 「…しながら；…と同時に」while と同様、同時性を表す。　as well「おまけに；同様に；…も」

👍 表現のポイント

場所・位置・方向を述べる　on the right「右手に」
　　　　　　　　　　　　　on the left「左手に」
推量・想像を述べる　likely「おそらく」
数・量・割合を表現する　full of -s「…でいっぱいの」
推量・想像を述べる　probably「おそらく」
逆接・順接で述べる　..., so ...「…なので…」
推量・想像を述べる　could ...「…かもしれない」

スピーチ 3

In this photo, there's a big boat on the right, and a smaller boat on the left. Both are big, but the one on the right is much bigger. The big boat is moving, while the smaller boat is sitting still.

この写真では、右手に大きな船があって、小さな船が左手にあります。どちらも大きいのですが、右のほうがずっと大きいです。大きな船は動いていますが、一方で小さな船は停止しています。
＊ sit still「じっとしている；留まっている」

👍 表現のポイント

全体像を述べる　In this photo, ...「この写真では…」
場所・位置・方向を述べる　on the right「右手に」
　　　　　　　　　　　　　on the left「左手に」
共通・類似・同一・相違に言及する　Both are ...「両方とも…だ」
逆接・順接で述べる　..., but ...「…だが…」
比較して述べる　much bigger「ずっと大きい」
対照する　A, while B「Aだが一方でB」

UNIT 36 Fresh from the Garden
採れたての野菜

🔊 track 071

1 質問に答えてみよう

① What is this woman doing?
この女性はなにをしていますか?

- **She's holding a crate of vegetables.**
  野菜の木箱を抱えています。
- **She's carrying a crate of fresh produce.**
  新鮮な農産物の木箱を運んでいます。
- **The woman is holding some vegetables.**
  女性は、いくらかの野菜を抱えています。

② What kind of vegetables are they?
どんな種類の野菜ですか?

- **The round ones on the right look like tomatoes.**
  右の丸いのはトマトに見えます。
- **The long, thin vegetables are probably cucumbers.**
  長くて細い野菜はおそらくキュウリでしょう。
- **I think the ones on the left are zucchini.**
  左手のはズッキーニだと思います。

Unit 36 Fresh from the Garden

③ Where is she standing?
彼女はどこに立っていますか?

- **She's standing in a greenhouse.**
  温室の中に立っています。
- **She's standing in the middle of a garden.**
  菜園の真ん中に立っています。
- **I think she's standing in a hothouse.**
  彼女は温室の中に立っているのだと思います。

④ What do you think she does for a living?
彼女はなにを生業にしていると思いますか?

- **I'm pretty sure she's a gardener.**
  まず間違いなく、野菜作りをしていると思います。
- **I think the woman is a produce farmer.**
  その女性は野菜や果物の農家の人だと思います。
- **She grows and sells vegetables.**
  彼女は野菜を育てて売っています。

⑤ Do you grow anything at your house?
あなたは家でなにか育てていますか?

- **Yes. I often grow herbs on my patio.**
  はい。よくパティオでハーブを育てています。
- **No. I only have a small apartment.**
  いいえ。私には、小さなアパートしかないのです。
- **I wish I could, but I don't know how.**
  できれば育てたいのですが、やり方がわかりません。

💬 vocabulary

① crate「木箱」木製の枠でできた箱で、野菜や、果物、ビンなどを入れるもの。　produce「農産物；野菜と果物」　② round「丸い」　thin「細い」　cucumber「キュウリ」　③ greenhouse/hothouse「温室」　garden「菜園；果樹園」　④ for a living「生計を立てるために」　gardener「野菜・花を育てる人」販売する、しないにかかわらず野菜や花を育てる人のこと。　farmer「農民；農業経営者」　⑤ patio「パティオ」　don't know how「やり方がわからない」

▶▶▶ 151

2 ひとりで言ってみよう

🔊 track 072

スピーチ 1

The woman in this picture **is holding** a crate of vegetables. The round ones **on the right look like** tomatoes. The long, thin vegetables are **probably** cucumbers. **I think** they would be great in a tossed salad. **I wonder** what other kinds of produce she grows.

この写真の女性は野菜の木箱を抱えています。右の丸いのはトマトのようです。長くて細い野菜はたぶんキュウリでしょう。ミックスサラダに入れるととてもおいしいと思います。彼女はほかにどんな野菜を育てているのでしょうか?

* tossed salad「ミックスサラダ」 other kinds of ...「ほかの種類の…」

👍 表現のポイント

進行形で表現する　**is holding**「抱えている」
場所・位置・方向を述べる　**on the right**「右の」
推量・想像を述べる　**look like ...**「…のように見える；思える」
　　　　　　　　　　probably「おそらく」
意見・感想を述べる　**I think ...**「…だと思う」
疑問・不明を述べる　**I wonder ...**「…だろうか?」

Unit 36 Fresh from the Garden

スピーチ 2

This picture features a Japanese woman. I think the woman is a produce farmer, since she's standing in a greenhouse. The vegetables she's holding look very fresh. Perhaps they are organic. Organic foods, particularly vegetables, are extremely popular right now. However, they are too expensive for me.

この写真は日本人女性を写しています。温室の中に立っているので、女性は野菜や果物の農家の人でしょう。彼女が抱えている野菜はとても新鮮に見えます。もしかすると有機栽培なのかもしれません。有機栽培の食べ物、特に野菜はいまものすごい人気なんです。しかし、私にとっては、高額すぎますが。

* organic「無農薬の；有機栽培の」 extremely「極端に；大変」

👍 表現のポイント

目立つ点・特徴を述べる　This picture features ...「この写真は…を出演させている」
理由を述べる　since ...「…なので」
関係詞で表現する　The vegetables (that) she's holding「彼女が抱えている野菜」
推量・想像を述べる　Perhaps ...「ひょっとすると；もしかすると」
時間・時刻の表現　right now「いま；現在」
逆接・順接で述べる　However, ...「しかしながら」

スピーチ 3

The woman in this picture is almost certainly a farmer. There is nothing I like better than home-grown vegetables. I often grow herbs on my patio, but I don't have space to plant anything else. Fortunately, there's a local produce market nearby where I can buy all the fresh vegetables I want.

この写真の女性はほぼ確実に農家の人です。自家栽培の野菜ほど大好きなものはほかにはありません。私はよくパティオでハーブを栽培していますが、ほかのものを植えるスペースはないんです。幸運にも、私の欲しい新鮮野菜ならなんでも買える地元の青果店が近所にあるのです。

* home-grown「自分の畑でできた」 plant「植える；蒔く」 Fortunately, ...「幸運にも」
  produce market「青果店」 nearby「近くに」

👍 表現のポイント

確信を述べる　almost certainly「ほぼ確実に」
好みを述べる　There is nothing I like better than ...「…よりも好きなものはない」
頻度を述べる　often「しばしば」
逆接・順接で述べる　..., but ...「…だが…」
存在を表す　there's ...「…がある」
関係詞で表現する　where ...「そしてそこでは…」

UNIT 37 Sights in Ochanomizu
御茶ノ水の風景

1 質問に答えてみよう

🔊 track 073

① Can you tell where this is?
これがどこだかわかりますか？

- **I'm positive it's Ochanomizu, because of the bridge.**
  橋があるので、御茶ノ水だという自信があります。
- **I'm not sure, but I think it's downtown Tokyo.**
  はっきりわかりませんが東京の都心だと思います。
- **I know this is Ochanomizu. I live near there.**
  これは御茶ノ水だとわかります。そこの近くに住んでいるんです。

② What kind of buildings can you see?
どんな種類の建物が見えますか？

- **There are smaller apartment buildings near the river.**
  小さなアパートの建物が川の近くにあります。
- **The taller buildings in the background must be office buildings.**
  背景の背が高いビル群はオフィスビルに違いありません。
- **I'm sure there are some hotels and hospitals in the picture too.**
  きっと、写真には、いくつかホテルや病院もあるでしょう。

Unit 37 Sights in Ochanomizu

③ Do you think a station is nearby?
駅は近くにあると思いますか？

- **There must be, because I can see many different train tracks.**
  多くの鉄道の線路が見えるので、あるはずです。
- **I think this train just left the station a few minutes ago.**
  この電車は数分前に、駅を出たばかりだと思います。
- **There has to be. Ochanomizu is a large business hub.**
  あるに違いありません。御茶ノ水は大きなビジネスセンターなんです。

④ What is the train doing?
電車はどうしていますか？

- **The train is coming out of a tunnel.**
  電車はトンネルから出てきているところです。
- **The train is running on the tracks.**
  電車は線路を走っています。
- **The train is crossing over a bridge.**
  電車は橋を渡っているところです。

⑤ What train line is this train?
この電車は、どの路線ですか？

- **I can't figure out which line this is, since the picture is black and white.**
  写真がモノクロなので、これがどの路線かわかりません。
- **It's hard to tell from this picture.**
  この写真からは判断が難しいです。
- **I can't say for sure, but I guess it's a Marunouchi Line train.**
  確かなことは言えませんが、おそらく丸ノ内線の電車でしょう。

vocabulary

① tell「わかる；見分ける」 positive「自信のある」 downtown「都心の；中心部の；繁華街の」
③ train track「鉄道の線路」 a few minutes ago「数分前に」 have to ...「…するに違いない」
business hub「ビジネスの中心；中枢」 ⑤ train line「路線」 figure out「わかる；理解する」
hard to tell「判断が難しい」

2 ひとりで言ってみよう

🔊 track 074

スピーチ 1

This picture shows a train crossing a river. **I know** this is Ochanomizu. I live near there. Ochanomizu **is famous for** having a lot of music shops. **For example,** guitar and other instrument stores. It's also a big business center. The tall buildings **in the background** must be office buildings.

この写真には電車が橋を渡っているのが写っています。私には、これがお茶ノ水だとわかります。私はそこの近くに住んでいるのです。御茶ノ水は多くの音楽関係の店があることで有名です。例えば、ギターやその他の楽器の店などです。御茶ノ水は大きなビジネスの中心地でもあります。背景の背の高いビルはオフィスビルに違いありません。
＊ instrument「楽器」

👍 表現のポイント

全体像を述べる　This picture shows ...「この写真は…を見せている」
知識・理解を述べる　I know ...「…だとわかる」
目立つ点・特徴を述べる　is famous for ...「…で有名だ」
例示する　For example, ...「例えば…」
場所・位置・方向を述べる　in the background「背景の；背後の」

Unit 37 Sights in Ochanomizu

スピーチ 2

This picture looks like Ochanomizu to me. I think this train just left the station a few minutes ago. The train is crossing over a bridge. The river shown in the center of the picture is called the Kanda River.

この写真は私には御茶ノ水のように見えます。この電車は数分前に駅を出発したばかりだと思います。電車は橋を渡っています。写真の真ん中に移っている川は神田川と呼ばれています。

👍 表現のポイント

推量・想像を述べる　**looks like ... to me**「私には…のように見える；思える」
意見・感想を述べる　**I think ...**「…だと思う」
経験・完了・過去を述べる　**just left**「ちょうど出発したところだ」
進行形で表現する　**is crossing over ...**「…を渡っている」
場所・位置・方向を述べる　**in the center of ...**「…の真ん中の」
受け身で表現する　**is called ...**「…と呼ばれている」

スピーチ 3

This picture was taken near Ochanomizu. In the foreground a train is coming out of a tunnel. Several train lines run through this area. I can't figure out which line this is, since the picture is black and white. I guess it's a Marunouchi line train.

この写真は御茶ノ水の近くで撮影されました。手前のほうでは、電車がトンネルから出てきています。いくつかの路線がこの地域を通っています。写真がモノクロなので、これが何線かはわかりません。おそらく丸ノ内線の電車だろうと思います。
* run through ...「…を通って走る」

👍 表現のポイント

受け身で表現する　**was taken**「撮影された」
場所・位置・方向を述べる　**In the foreground**「前景に；前のほうに」
進行形で表現する　**is coming out of ...**「…から出てきている」
数・量・割合を表現する　**Several ...**「いくつかの…」
疑問・不明を述べる　**I can't figure out ...**「…がわからない」
理由を述べる　**since ...**「…なので」
推量・想像を述べる　**I guess ...**「…だと思う；推測する」

UNIT 38 A Mountain Lake
山中の湖

track 075

1 質問に答えてみよう

① What time of year is it?
1年のどの時期ですか?

- **It's wintertime, because there's snow.**
  雪があるので、冬の時期です。
- **I think it's early winter.**
  冬の早い時期だと思います。
- **It's the middle of winter.**
  冬の中頃です。

② Is it snowing now?
いま雪は降っていますか?

- **It's not snowing now, but it has snowed recently.**
  いまは雪は降っていませんが、最近降りました。
- **The weather is clear now.**
  いまは天気は晴れています。
- **It doesn't look like it's snowing now.**
  いま雪が降っているようには見えません。

Unit 38 A Mountain Lake

③ **What is the person in this picture doing?**
この写真の人物はなにをしているのですか?

- **They are enjoying the beautiful scenery.**
  美しい風景を楽しんでいます。
- **They are sitting on a log bench.**
  丸太のベンチに腰掛けています。
- **They are enjoying the fresh air.**
  新鮮な空気を楽しんでいます。

④ **Do you think the lake water is cold?**
湖の水は冷たいと思いますか?

- **The water must be cold, but it's not frozen.**
  水は冷たいに違いありませんが、凍ってはいません。
- **Of course it's cold.**
  もちろん冷たいです。
- **I believe it's cold all year round.**
  一年中、冷たいのだと思います。

⑤ **What is your favorite time of year?**
一年で好きな時期はいつですか?

- **I like the fall for the colors.**
  色鮮やかな秋が好きです。
- **I like winter the best, because I love skiing.**
  冬がいちばん好きです。スキーが大好きなので。
- **I like the summer. I don't like cold weather.**
  夏が好きです。寒い気候が好きではないので。

🗨 vocabulary

① **early winter**「初冬」 **the middle of ...**「…の中頃」 ② **has snowed**「(過去から現在までに) 雪が降った」 ③ **They are ... = He or she is ...**「彼または彼女は…だ」性別がはっきりしないため人称代名詞にtheyを用いたもの。実際は単数の人物を表すが、複数の人称代名詞を用いるため、be動詞もareが用いられている。 **scenery**「景色;風景」 **log**「丸太」 **fresh air**「新鮮な空気」 ④ **frozen**「凍った」 ⑤ **for the colors**「(紅葉の)色が鮮やかなので」直訳すると「その色のため」となる。because of the colors でも同じ。

2 ひとりで言ってみよう

🔊 track 076

スピーチ 1

This person is enjoying the beautiful scenery. We know it is wintertime, because there's snow on the ground. This must be a remote area. There are no buildings or signs of people, except the person sitting on the bench.

・・・

この人は美しい風景を楽しんでいます。地面に雪があるので、冬の時期だとわかります。これは人里離れた地域に違いありません。ベンチに座っている人を除けば、建物や人の気配がありません。

* ground「地面」 remote「人里離れた」 except ...「…以外は；…を除いて」
  the person sitting on ...「…に座っている人物」sitting は現在分詞。

👍 表現のポイント

進行形で表現する　is enjoying ...「…を楽しんでいる」
知識・理解を述べる　We know ...「私たちには…だとわかる」
気象・天候の表現　because ...「…だから」
理由を述べる　there's ....「…がある；いる」
確信を述べる　must ...「…に違いない」
存在を表す　There are no ...「…がひとつもない」

Unit 38　A Mountain Lake

スピーチ 2

This picture shows a person sitting in front of a lake. The water must be cold, but it's not frozen. It's not snowing now, but it has snowed recently. There is only one person in the picture. However, there are footprints in the snow from several people.

この写真は、湖の前に座っている人を写しています。水は冷たいに違いありませんが、凍ってはいません。いま雪は降っていませんが、最近、降りました。写真には人物がひとりしかいません。しかし、雪には数人の足跡があります。
＊ footprints「足跡」　from ...「…の」

👍 表現のポイント

全体像を述べる　This picture shows ...「この写真は…を写している」
場所・位置・方向を述べる　in front of ...「…の前に」
確信を述べる　must ...「…に違いない」
逆接・順接で述べる　..., but ...「…だが…」
進行形で表現する　It's not snowing「雪は降っていない」
経験・完了・過去を述べる　it has snowed recently「最近、降った」
存在を表す　There is only ...「…しかいない」
逆接・順接で述べる　However, ...「しかしながら…」

スピーチ 3

Autumn is my favorite time of year. I like the fall for the colors, when the leaves change. I'm not a big fan of summertime, because I can't stand the humidity. I can't understand how people can live in places where there is no change of seasons.

一年では、秋が私のお気に入りの時期です。木の葉の色が変わる、色鮮やかな秋が好きなんです。湿度ががまんできないので、夏はあまり好きではありません。季節の移り変わりのないところに、どうやって人が暮らせるのか、私には理解できません。
＊ ..., when ...「…そしてその頃は…」　humidity「湿気；湿度」　change of seasons「季節の変化」

👍 表現のポイント

好みを述べる　A is my favorite B「Aは私のお気に入りのBだ」
理由を述べる　for ...「…が理由で」
関係詞で表現する　when ...「そしてそのとき…」
好みを述べる　I'm not a big fan of ...「…があまり好きではない」
理由を述べる　because ...「…だから」
知識・理解を述べる　I can't understand ...「…が理解できない」
関係詞で表現する　where ...「そしてそこでは…」

UNIT 39 Sledding

そり滑り

🔊 track 077

1 質問に答えてみよう

① What are these ladies doing?
この女性たちは、なにをしていますか？

- **These three women are sledding down a hill.**
  この3人の女性はそりで滑って丘を下っています。
- **These women are playing outside in the snow.**
  この女性たちは、外の雪の中で遊んでいます。
- **The ladies are going down a hill on a sled.**
  女性たちは、そりに乗って丘を下っています。

② What do these women have in common?
この女性たちに、共通していることはなんですか？

- **One thing they have in common is they are all wearing hats.**
  彼女たちに共通することのひとつは、全員が帽子をかぶっていることです。
- **All three women are smiling.**
  3人の女性全員が笑っています。
- **A common feature among them is they are all wearing gloves.**
  彼女たちに共通する特徴は、全員が手袋をしていることです。

Unit 39 Sledding

③ Where do you think they are?
彼女たちはどこにいると思いますか?

- **They are somewhere where there's snow.**
  どこか雪のある場所です。
- **They are on a slope somewhere.**
  どこかの斜面です。
- **I think they are at a hill near their house.**
  彼女たちの家の近くの丘にいるのだと思います。

④ Are the women in this picture cold?
この写真の女性たちは寒いのでしょうか?

- **I don't think so. They are dressed warmly.**
  そうは思いません。暖かい服装をしています。
- **There's snow, but it doesn't appear very cold.**
  雪はありますが、あまり寒そうではありません。
- **I think so, but they probably don't feel it because they are having fun.**
  そう思いますが、楽しんでいるので、おそらくそれを感じていません。

⑤ Have you ever been sledding?
そり滑りをしたことがありますか?

- **No I haven't. It rarely snows where I live.**
  いいえ、ありません。私の住んでいる場所では滅多に雪が降らないんです。
- **Sure. My friends and I did it all winter when we were kids.**
  もちろんです。子どもの頃、友人と私は、冬の間中やりました。
- **I've never been sledding, but I go skiing a few times a year.**
  一度もそり滑りはやったことがありませんが、スキーには年に数回行きます。

🗨 vocabulary

① sled「〔動詞〕そりで滑る；そり滑りをする；〔名詞〕そり」 hill「丘；小さな山」 ② have in common「共通して持っている；共通している」 hat「帽子」 common feature「共通する特徴」 among ...「〔3人以上〕…の間で」 gloves「手袋」 ③ somewhere where ...「…などこか」 slope「斜面」 ④ be dressed warmly「暖かい服装をしている」 ⑤ rarely ...「滅多に…ない」 where I live「私の住んでいるところでは」≒ in the region where I live「私の住んでいる地域では」 have never been sledding「一度もそり滑りをしたことがない」

第1部　スピーキングトレーニング編

2　ひとりで言ってみよう

🔊 track 078

スピーチ　1

These three women are sledding down a hill. It's obviously wintertime, because there is snow on the ground. One thing they have in common is they are wearing hats. Another thing we can see is that they are all having a good time.

この3人の女性たちはそりで丘を滑り降りています。地面に雪があるので、明らかに冬の時期です。彼女たちに共通することのひとつは、帽子をかぶっていることです。ほかにわかることは、彼女たちみんなが楽しんでいることです。
* have a good time「楽しむ；楽しく過ごす」

👍 表現のポイント

進行形で表現する　**are sledding down ...**「…をそりで滑り降りている」
確信を述べる　**obviously**「明らかに；明白に」
理由を述べる　**because ...**「…なので」
存在を表す　**there is ...**「…がある」
共通・類似・同一に言及する　**in common**「共通して」
　　　　　　　　　　　　　　all ...「みんな…」

Unit 39 Sledding

スピーチ 2

These three ladies are sledding. I think they are at a hill near their house. It doesn't look like there are many other people around. There's snow, but it doesn't appear very cold. They are dressed warmly and moving around, so they probably feel quite warm.

この3人の女性はそり滑りをしています。自分たちの家の近くの丘にいるのだと思います。周囲にほかの人がたくさんいるようには見えません。雪はありますが、あまり寒そうではありません。暖かい服装をしていて、動き回っているので、たぶんかなり暖かく感じているでしょう。

* around「周囲に」 move around「動き回る」 feel warm「暖かく感じる」

👍 表現のポイント

意見・感想を述べる　I think ...「…だと思う」
推量・想像を述べる　It doesn't look like ...「…には見えない」
存在を表す　there are ...「…がいる」
逆接・順接で述べる　..., but ...「…だが…」
気象・天候の表現　very cold「とても寒い」
逆接・順接で述べる　..., so ...「…なので…」
推量・想像を述べる　probably「たぶん；おそらく」

スピーチ 3

Sledding is a common winter pastime. Generally, it is popular among children or teens. However, like this picture shows, adults can enjoy it too. I've never been sledding, but I go skiing a few times a year.

そり滑りは一般的な冬の娯楽です。一般的には、子どもや10代に人気です。しかし、この写真が示しているように、大人でもそり滑りを楽しめます。私はそり滑りをしたことは一度もありませんが、年に数回スキーには行きます。

* pastime「気晴らし；娯楽」 among ...「…の間で」

👍 表現のポイント

傾向・習慣を述べる　common「一般的な」
　　　　　　　　　　Generally, ...「概して…；一般に…」
目立つ点・特徴を述べる　is popular among ...「…の間で人気がある」
逆接・順接で述べる　However, ...「しかしながら…」
例示する　like ...「…のように」
経験・完了・過去を述べる　I've never been sledding「一度もそり滑りをしたことがない」
頻度を述べる　a few times a year「年に数回」

UNIT 40 Horse Racing
競馬

🔊 track 079

1 質問に答えてみよう

① **What does this picture show?**
この写真にはなにが写っていますか?

- **This picture shows a horse race.**
  この写真には競馬が写っています。
- **This picture was taken at a racetrack.**
  この写真は競馬場で撮られました。
- **In this picture, jockeys are riding horses.**
  この写真では、ジョッキーたちが馬に乗っています。

② **Why are the riders wearing helmets?**
どうして騎手たちはヘルメットをかぶっているのですか?

- **They are wearing helmets so they don't get hurt.**
  ケガをしないように、ヘルメットをかぶっています。
- **The helmets are for protection.**
  ヘルメットは保護のためです。
- **Because they could fall off the horse.**
  落馬するかもしれないからです。

166

Unit 40 Horse Racing

③ What is the goal of a horse race?
競馬の目的はなんですか？

- **The objective is to be the first horse to finish the race.**
  目標はレースを最初に終える馬になることです。
- **The goal is to train and ride the fastest horse.**
  目的は鍛えてもっとも速い馬に乗ることです。
- **The idea is to cross the finish line first.**
  目的は最初にゴールラインを切ることです。

④ Is horse racing popular in Japan?
競馬は日本では人気ですか？

- **Horse racing is quite popular in Japan.**
  競馬は日本では、かなり人気があります。
- **There are several famous racetracks around the country.**
  国中にいくつか有名な競馬場があります。
- **Horse racing, as well as bicycle racing, are popular sports.**
  競輪同様、競馬は人気のスポーツです。

⑤ What is unique about jockeys?
騎手に関してユニークな点はなんですか？

- **Jockeys have to be very short.**
  騎手はとても背が低くなければなりません。
- **Professional riders can't weigh too much.**
  プロの騎手はあまり体重が重くてはいけません。
- **They usually only weigh around 50 kilograms.**
  彼らはふつう50キロくらいしか体重がありません。

💬 vocabulary

① racetrack「競馬場」 jockey「（競馬の）ジョッキー」 ride a horse「馬に乗る」 ② rider「騎手；乗り手」 so ...「…なように」 get hurt「ケガをする」 protection「保護」 fall off ...「…から落ちる」 ③ objective「目標；目的」 finish「終える」= complete. train「鍛える」 idea「目的；意義」= purpose. cross the finish line「ゴールラインを切る」 ④ as well as ...「…と同様に」 bicycle racing「競輪」 ⑤ weigh「重さが…だ」

▶▶▶ 167

2 ひとりで言ってみよう

🔊 track 080

スピーチ 1

This picture was taken at a race track. Horse racing is quite popular in Japan, as it is in the United States and the United Kingdom. The horses are bred and trained to run very fast. Horses with winning careers can earn a lot of money for their owners.

この写真は競馬場で撮影されました。競馬は、アメリカや英国と同様、日本で、かなり人気があります。馬はとても速く走るように飼育され鍛えられます。すばらしい経歴の馬はオーナーのためにとてもたくさんのお金を稼ぐことができます。

* winning career「すばらしい経歴」 bred breed「飼育する」の過去分詞。 earn「稼ぐ」 owner「所有者」

👍 表現のポイント

受け身で表現する　**was taken**「撮影された」
目立つ点・特徴を述べる　**is quite popular in ...**「…でかなり人気がある」
共通・類似・同一に言及する　**as ...**「…のように；…と同様」
受け身で表現する　**are bred and trained**「飼育され鍛えられる」
目的・手段を述べる　**to ...**「…するために」
数・量・割合・金額を表現する　**a lot of ...**「多くの…」

Unit 40　Horse Racing

スピーチ 2

In this picture, jockeys are riding horses. They are wearing helmets so they don't get hurt. Horse racing is a popular spectator sport. The objective is to be the first horse to finish the race. Usually, the spectators bet money on the horses they think will win.

この写真では、騎手たちが馬に乗っています。彼らは、ケガをしないように、ヘルメットをかぶっています。競馬は人気の観戦スポーツです。目的はレースを最初に終える馬になることです。ふつう、観客は、自分が勝つと思う馬にお金を賭けます。
* spectator sport「観戦スポーツ」　spectator「観戦者；観客」　bet money on ...「…に金を賭ける」

👍 表現のポイント

全体像を述べる　**In this picture, ...**「この写真では…」
進行形で表現する　**are wearing**「かぶっている」
目的・手段を述べる　**so ...**「…するように」
目立つ点・特徴を述べる　**is a popular ...**「人気の…だ」
目的・手段を述べる　**The objective is to ...**「目的は…することだ」
傾向・習慣を述べる　**Usually, ...**「ふつうは…；いつもは…」
関係詞で表現する　**the horses (that) they think will win**「彼らが勝つと思う馬」

スピーチ 3

In Japan, horse racing, as well as bicycle racing, are popular sports. Globally, the tradition of horse racing is thousands of years old. The professional riders, called "jockeys," need to be short in height. They usually only weigh around 50 kilograms.

日本では、競馬は競輪と同様に人気のスポーツです。世界的に、競馬の伝統には数千年の歴史があります。ジョッキーと呼ばれるプロの騎手たちは身長が低くなければなりません。彼らは通常50キロくらいしか体重がないのです。
* Globally, ...「世界的に…；国際的に…」　tradition「伝統；慣習」　called ...「…と呼ばれる」過去分詞。

👍 表現のポイント

共通・類似・同一に言及する　**as well as ...**「…と同様」
目立つ点・特徴を述べる　**the tradition of ...**「…の伝統」
必要を述べる　**need to ...**「…することが必要だ」
傾向・習慣を述べる　**usually**「通常」
数・量・割合を表現する　**only weigh around 50 kilograms**「50キロくらいの体重しかない」

UNIT 41 Getting a Checkup
検診を受ける

1 質問に答えてみよう

track 081

① Where are these people?
この人たちはどこにいますか？

- **They are at a doctor's office.**
  診療所にいます。
- **They are at a hospital.**
  病院にいます。
- **They are sitting in a hospital examination room.**
  病院の診察室に座っています。

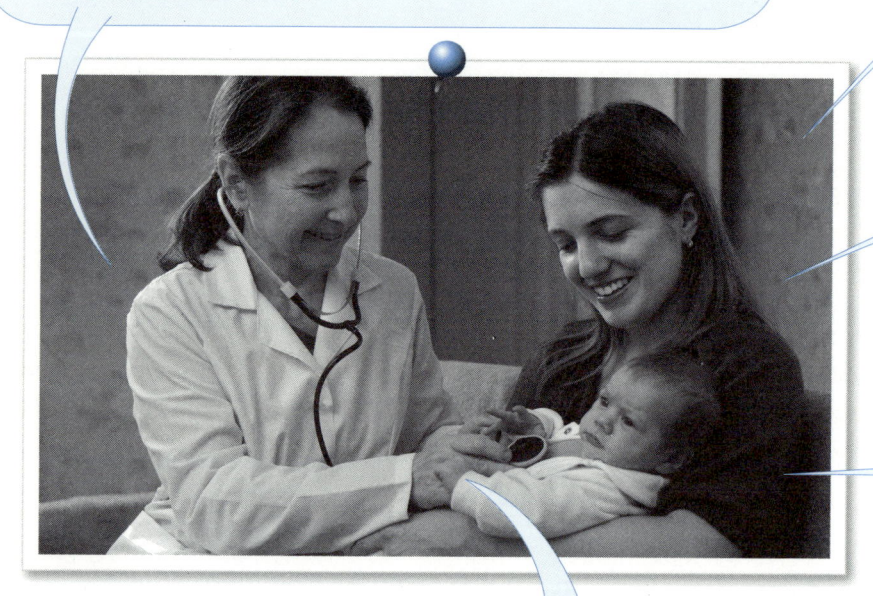

② Who are these people?
この人たちはだれでしょうか？

- **The woman on the left is surely a doctor.**
  左の女性は確実に医者です。
- **I think the woman on the right is a new mother.**
  右の女性は新しく母親になった人だと思います。
- **This is a mother and infant getting a checkup.**
  これは母親と乳児が検診を受けているところです。

170

Unit 41 Getting a Checkup

③ Do you think the baby is sick?
赤ちゃんは病気だと思いますか？

- **I don't believe the baby is sick. The women are both smiling.**
  赤ちゃんが病気だとは思いません。女性はどちらもほほえんでいます。
- **If the baby is sick, it's not serious.**
  赤ちゃんが病気なら、深刻なものではありません。
- **I'm pretty sure this is just a routine visit.**
  きっと、これは所定の来院だと思います。

④ What is the doctor doing?
医者はなにをしていますか？

- **She's holding a stethoscope.**
  彼女は聴診器を持っています。
- **She's listening to the baby's heartbeat.**
  彼女は赤ん坊の心音を聞いています。
- **She might be listening to the baby's lungs.**
  赤ん坊の肺の音を聞いているのかもしれません。

⑤ How old do you think the baby is?
この赤ちゃんはいくつだと思いますか？

- **The baby can't be very old, maybe eight weeks or so.**
  あまり年嵩はいっていないはずです。たぶん8週間かそこいらでしょう。
- **I guess the baby is about three months old.**
  赤ちゃんは3カ月くらいだと思います。
- **I would say it was born a few weeks ago.**
  数週間前に生まれたのだと思います。

vocabulary

① **doctor's office**「診療所」 **examination room**「診療室；診察室」 ② **infant**「乳児；幼児」 **checkup**「検診；健康診断」 ③ **routine**「いつもの；所定の；規定どおりの」 **visit**「医者などを訪れること；通院」 ④ **stethoscope**「聴診器」 **lungs**「肺」 ⑤ **can't be ...**「…であるはずはない」

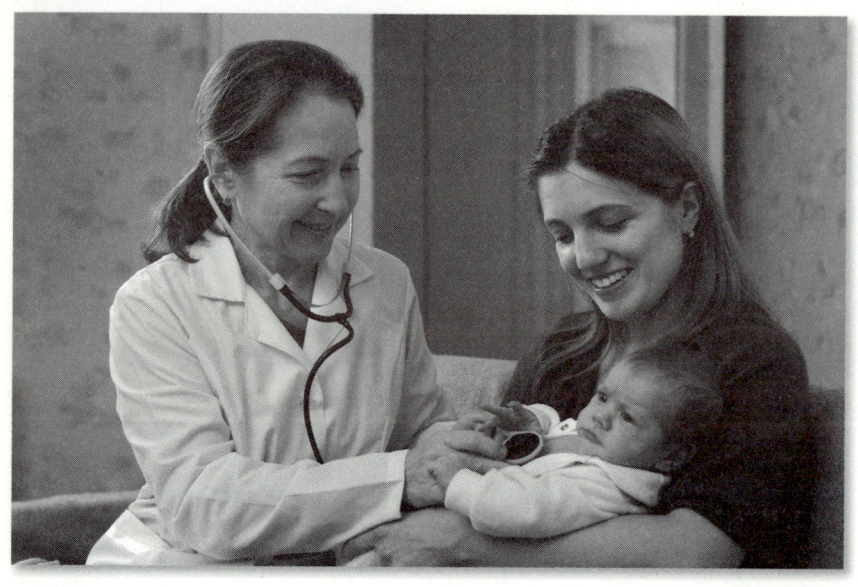

第1部　スピーキングトレーニング編

2　ひとりで言ってみよう

track 082

スピーチ 1

In this picture we can see two women and a baby. They are sitting in a hospital examination room or perhaps a clinic. The woman on the left is surely a doctor. She is wearing a stethoscope. The woman who is holding the baby is almost certainly its mother.

この写真には、ふたりの女性と赤ちゃんが見えます。病院の診療室か、もしかすると診療所に座っています。左の女性は確実に医者でしょう。彼女は聴診器を身につけています。赤ちゃんを抱えている女性はほぼ確実にお母さんでしょう。
＊clinic「診療所」　its mother「赤ちゃんの母親」

👍 表現のポイント

全体像を述べる　**In this picture we can see ...**「この写真では…が見える」
進行形で表現する　**are sitting in ...**「…に座っている」
場所・位置・方向を述べる　**on the left**「左手の」
確信を述べる　**surely**「確実に」
進行形で表現する　**is wearing**「身につけている」
関係詞で表現する　**who ...**「そしてその人は…」
確信を述べる　**almost certainly**「ほぼ確実に」

▶▶▶ 172

Unit 41　Getting a Checkup

スピーチ 2

This picture shows a doctor examining a baby. She's listening to the baby's heartbeat. I don't believe the baby is sick. If the baby is sick, it's not serious because the women are both smiling. This is probably just a routine checkup.

この写真には赤ちゃんを診察している医者が写っています。彼女は赤ん坊の心音を聞いています。赤ん坊が病気だとは思いません。もし病気なら、深刻なものではありません。女性たちはどちらもほほえんでいますから。これはおそらく、通常の検診でしょう。

* examine「診察する」

表現のポイント

全体像を述べる　This picture shows …「この写真は…を示している」
進行形で表現する　is listening to …「…を聴いている」
推量・想像を述べる　I don't believe …「…とは思わない」
仮定する　If A, B.「AならばB」
理由を述べる　because …「…だから」
共通・類似・同一に言及する　both …「どちらも…」
推量・想像を述べる　probably「おそらく；たぶん」

スピーチ 3

Here we can see a mother cradling her baby. I guess the baby is about three months old. The older woman in the picture is no doubt a doctor or a nurse. It's very important for newborn babies to get regular exams at a hospital.

ここには、赤ん坊を両手で抱きかかえている母親が写っています。赤ちゃんは3カ月くらいだと思います。写真の年上の女性が医者か看護婦なのは間違いないでしょう。新生児が病院で定期検診を受けるのはとても重要なことです。

* cradle「両手で抱くように持つ；揺すってあやす」　no doubt「疑いなく；おそらく」　newborn baby「新生児」
  regular「定期の」　exam「検査」

表現のポイント

全体像を述べる　Here we can see …「ここには…が見える」
推量・想像を述べる　I guess …「…だと思う；推測する」
数・量・割合を表現する　about three months old「生後約3カ月」
比較して述べる　older「年上の」
確信を述べる　no doubt「間違いなく；疑いの余地なく」
重要性を述べる　It's very important for A to B「AにとってBすることは非常に重要だ」

UNIT 42 New Year
新年

1 質問に答えてみよう

🔊 track 083

① Who is this woman?
この女性はだれですか？

- **The woman in this picture is a geisha.**
  写真の女性は芸者さんです。
- **This woman is a traditional Japanese entertainer, called a "geisha."**
  日本の伝統的な職業芸人で、芸者と呼ばれています。
- **She is either a geisha or an apprentice geisha.**
  彼女は、芸者か見習いの芸者のどちらかです。

② Where is she?
彼女はどこにいるのですか？

- **She's at a Shinto shrine.**
  彼女は神社にいます。
- **She's visiting a shrine at New Year's.**
  新年に神社を訪れています。
- **She's at a Shinto shrine or Buddhist temple.**
  彼女は神社かお寺にいます。

Unit 42 New Year

③ What is special about her appearance?
彼女の外見で特別な点はなんですか？

- **She's wearing a traditional Japanese kimono.**
  伝統的な日本の着物を着ています。
- **Her face is painted white.**
  顔が白く塗られています。
- **Her hair and makeup is unique to geisha.**
  髪の毛と化粧が芸者に独特のものです。

④ What is she looking at?
彼女はなにを見ていますか？

- **She's looking at wooden prayer blocks called *ema*.**
  絵馬と呼ばれる祈願用の木製ブロックを見ています。
- **Traditionally, Japanese people write wishes or prayers on blocks.**
  伝統的に、日本人は望みや祈願をブロックに書くのです。
- **She's looking at prayers and wishes, customarily hung at shrines and temples.**
  彼女は風習として神社やお寺に掛けられている祈願や望みを見ています。

⑤ Do you ever go to a shrine?
神社に行ったことはありますか？

- **My family goes every year on January first.**
  私の家族は、毎年、元旦に行きます。
- **I typically go on New Year's Eve.**
  だいたい、大晦日に行きます。
- **My wife and I always go to celebrate the New Year.**
  妻と私は、いつも新年を祝いにいきます。

💬 vocabulary

① entertainer「(職業的な)芸人；芸で客を楽しませる人」 either A or B「AかBのどちらか」 apprentice「見習い」 ② Shinto shrine「神社」 at New Year's「新年に；新年の頃に」 Buddhist temple「仏教の寺院」 ③ appearance「外見；様子；容貌」 be unique to ...「…に独特だ」 ④ prayer「祈願」 wish「望み」 customarily「慣例的に；風習として」 ⑤ typically「主として；だいたい」 New Year's Eve「大晦日」

第1部　スピーキングトレーニング編

2　ひとりで言ってみよう

🔊 track 084

スピーチ 1

This woman is a **traditional** Japanese entertainer called a "geisha." **It is possible that** she could be an apprentice geisha, known as "maiko." **I'm almost certain** this picture **was taken in** Kyoto, **since** Kyoto is **where** many geisha are trained.

この女性は、芸者と呼ばれる日本の伝統的な職業芸人です。彼女は舞子として知られている見習い芸者かもしれません。ほぼ確実にこの写真は京都で撮影されたのだと思います。なぜなら京都は多くの芸者が教育を受けるところだからです。

＊　be trained「訓練・教育を受ける；鍛えられる」

👍 表現のポイント

目立つ点・特徴を述べる　**traditional ...**「伝統的な…」
推量・想像を述べる　**It is possible that ...**「…かもしれない；…であり得る」
確信を述べる　**I'm almost certain ...**「ほぼ…だろう；ほぼ…だと確信している」
受け身で表現する　**was taken in ...**「…で撮影された」
理由を述べる　**since ...**「なぜなら…だからだ」
関係詞で表現する　**where ...**「そしてそこでは…」

Unit 42 New Year

スピーチ 2

The woman in this picture is wearing a traditional Japanese kimono. She's visiting a shrine at New Year's. We can tell she is a geisha because of her makeup and hair style. Occasionally you can still see people wearing kimono in Japan, but not very often.

この写真の女性は伝統的な日本の着物を着ています。彼女は新年に神社を訪れているところです。彼女の化粧と髪型から彼女が芸者だとわかります。日本では時折、着物を着ている人をいまだに観ることができますが、それほど頻繁には見かけません。

* people wearing kimono「着物を着ている人々」wearing は現在分詞。

👍 表現のポイント

進行形で表現する　is wearing「着ている；身につけている」
伝統に言及する　traditional「伝統的な」
進行形で表現する　is visiting ...「…を訪れている」
知識・理解を述べる　We can tell ...「…だとわかる」
理由を述べる　because of ...「…から；…だから」
頻度を述べる　Occasionally ...「時折…」
　　　　　　　not very often「あまり頻繁ではない」

スピーチ 3

Customarily, Japanese people go to a shrine or temple on New Year's Eve or New Year's Day. My family goes every year on January 1st. Traditionally, Japanese people write wishes or prayers on blocks of wood. This woman is looking at hanging prayer blocks.

日本人は大晦日や元旦に神社やお寺に行くのが慣例です。私の家族は毎年元旦に行きます。伝統的に日本人は木のブロックに望みや祈願を書き込みます。この女性は掛かっている祈願のブロック（絵馬）を見ているところです。

* hanging「掛かっている；ぶら下がっている」

👍 表現のポイント

傾向・習慣を述べる　Customarily, ...「習慣的に…；慣例上…」
時間・時刻の表現　on New Year's Eve or New Year's Day「大晦日か元旦に」
傾向・習慣を述べる　My family goes「(習慣として)私の家族は行く」
時間・時刻の表現　every year on January 1st「毎年元旦に」
伝統に言及する　Traditionally, ...「伝統的に…」
進行形で表現する　is looking at ...「…を見ているところだ」

▶▶▶ 177

UNIT 43 Liftoff
発射

1 質問に答えてみよう

🔊 track 085

① **What's this?**
これはなんですか?

- **This is a picture of a space shuttle.**
  これは、スペースシャトルの写真です。
- **This is a picture of a rocket.**
  これはロケットの写真です。
- **This is a launch of a NASA rocket.**
  これはNASAのロケットの発射です。

② **Where is this rocket going?**
このロケットはどこへ行くのでしょう?

- **It's launching into space.**
  宇宙へ向かって飛び立っています。
- **It's probably going to the International Space Station.**
  たぶん国際宇宙ステーションに行くのでしょう。
- **I think it's going to orbit around the Earth.**
  地球を周回する軌道上に向かうのだと思います。

Unit 43 **Liftoff**

③ What will the astronauts be doing?
宇宙飛行士はなにをするのでしょう？

- **In the coming days, they will be doing experiments.**
  今後数日で、彼らは実験をしているでしょう。
- **In the near future, they might be launching a satellite.**
  すぐに、衛星を発射するかもしれません。
- **Shortly they will likely be looking down at the Earth.**
  たぶん、まもなく、地球を見下ろしていることでしょう。

④ Do you think Japan should develop manned rockets?
日本は有人ロケットを開発すべきだと思いますか？

- **Yes, I think we should.**
  はい。すべきだと思います。
- **I don't think we should. It's too expensive.**
  すべきとは思いません。あまりにも高価です。
- **No, I think there are more important things to do.**
  いいえ、やるべきもっと大事なことがあります。

⑤ Do you think space travel will happen in your lifetime?
あなたが生きている間に、宇宙旅行は起こると思いますか？

- **No, I think it'll never happen.**
  いいえ、絶対にないと思います。
- **No, I think it'll take another hundred years.**
  いいえ、あと百年はかかるでしょう。
- **Yes, but only for the rich.**
  ええ、しかし、お金持ちのためだけでしょう。

vocabulary

① launch「〔名詞〕発射；発進；〔動詞〕飛び立つ；飛び立たせる」 ② International Space Station「国際宇宙ステーション」 orbit around the Earth「地球を回る軌道」 ③ in the coming days「今後数日で」 In the near future「近い将来；すぐに」 shortly「まもなく」 ④ manned「有人の」 ⑤ the rich「金持ちの人々」

第1部　スピーキングトレーニング編

2　ひとりで言ってみよう

track 086

スピーチ 1

This is a picture of a rocket. **It's launching into** space. Sending men and women into space is **very expensive**. Only rich countries have space programs. **Recently, a number of** Japanese astronauts **have gone to** the International Space Station.

これはロケットの写真です。宇宙に向かって発進していくところです。人間を宇宙へ送るのには非常に高額がかかります。豊かな国だけが宇宙開発プログラムを持っています。最近は、数名の日本人宇宙飛行士が国際宇宙ステーションへ行っています。

＊ astronaut「宇宙飛行士」　have gone to ...「…へ行った」現在完了形。

👍 表現のポイント

全体像を述べる　**This is a picture of ...**「これは…に関する写真だ」
進行形で表現する　**is launching into ...**「…へと飛び立つところだ」
数・量・割合を表現する　**very expensive**「非常に高価な」
時間・時刻の表現　**Recently, ...**「昨今…；最近は…」
数・量・割合を表現する　**a number of ...**「数名の…；多くの…」
経験・完了・過去を述べる　**have gone to ...**「…へ行った」

Unit 43 Liftoff

スピーチ 2

This picture shows a rocket launch. The rocket is carrying a Space Shuttle. There are several astronauts on board the shuttle. In the coming days, they will be doing experiments. Several years ago, America stopped using the shuttle because it was too costly.

この写真は、ロケットの打ち上げを写しています。ロケットはスペースシャトルを運んでいます。シャトルには数名の宇宙飛行士が乗り込んでいます。今後数日で、彼らは実験をしていることでしょう。あまりにもコストがかかるので、数年前、アメリカはシャトルの利用をやめました。

* on board「乗って」　costly「高価な；費用のかかる」

👍 表現のポイント

全体像を述べる　**This picture shows ...**「この写真は…を見せている」
存在を表す　**There are ...**「…がいる；ある」
時間・時刻の表現　**In the coming days, ...**「今後数日で…」
未来時制で表現する　**will be doing**「行っているだろう」
時間・時刻の表現　**Several years ago, ...**「数年前…」
経験・完了・過去を述べる　**stopped -ing**「…することをやめた」
理由を述べる　**because ...**「…なので」

スピーチ 3

Back when NASA was launching space shuttles, it was a popular event to go and see. Some people say private space travel will be common in the near future. But it's too expensive and complicated. I think it'll take another hundred years.

NASAがスペースシャトルを打ち上げていた頃には、見物にいくのが人気のイベントでした。個人の宇宙旅行が近い将来一般的になると言う人もいます。しかし、あまりにも高価で困難です。私は、あと百年はかかると思います。

* event「イベント；出来事；事件；催し」　complicated「複雑な；困難な」

👍 表現のポイント

時間・時刻の表現　**Back when ...**「（過去に）…だった頃は」
目立つ点・特徴を述べる　**was a popular event**「人気のイベントだった」
未来時制で表現する　**will be ...**「…になるだろう」
時間・時刻の表現　**in the near future**「近い将来」
逆接・順接で述べる　**But ...**「だが…；しかし…」
意見・感想を述べる　**I think ...**「…だと思う」
未来時制で表現する　**it'll take ...**「（時間が）…かかるだろう」

UNIT 44 A Small Store
小さな店

1　質問に答えてみよう

🔊 track 087

①
What kind of store is this?
これはどんな種類の店ですか?

- **I think this is a grocery store.**
  これは食料雑貨店だと思います。
- **This could be an import foods store.**
  これは輸入食品の店かもしれません。
- **This appears to be a small market.**
  小さなお店のようです。

②
Is the man a customer?
男性はお客さんですか?

- **I don't think so, because he's wearing an apron.**
  そうは思いません。なぜならエプロンをしているからです。
- **He's definitely not a customer. He might be the owner.**
  絶対にお客さんではありません。オーナーかもしれません。
- **No. I'm certain he works there.**
  いいえ。彼は、確実にそこで働いていると思います。

Unit 44　A Small Store

3
Do you think he's a nice person?
彼はいい人だと思いますか?

- **He looks very kind.**
  とても親切そうです。
- **He seems to be a happy person.**
  彼は性格のいい人のようです。
- **Based on his smile, I think he's a good salesperson.**
  彼の笑顔からすると、彼はいい販売員だと思います。

4
What kind of items might be on the shelf?
棚にはどんな商品はあるでしょうか?

- **I guess there might be spices.**
  スパイスがあるかもしれません。
- **I imagine the items on the shelves are food products.**
  棚の商品は食料品だろうと思います。
- **I have no idea. They are too small to see.**
  わかりません。小さすぎて見えません。

5
Do you prefer large stores or small shops?
大きな店のほうが好きですか、それとも小さな店が好きですか?

- **I like large stores, where I can buy everything at once.**
  大きい店が好きです。一度になんでも買えますから。
- **I prefer small shops that sell unique items.**
  めずらしい品物を売っている小さな店のほうが好きです。
- **For me it depends on what I'm shopping for.**
  私としては、なにを買うのかによります。

vocabulary

① **grocery store**「食料雑貨店」かつて grocery store では食料品を専門に扱っていたが、supermarket ができてから雑貨も扱うようになった。grocery store と supermarket は置き換え可。　**import foods**「輸入食品」　**market**「店」　② **apron**「エプロン」　③ **kind**「親切な；思いやりのある」　**happy person**「性格のいい人；よさそうな人」　**salesperson**「販売員」　④ **item**「商品；品目」　**spice**「スパイス；香辛料」　**food products**「食料品」　⑤ **unique**「独特の；めずらしい」　**depend on ...**「…による」

▶▶▶ 183

2 ひとりで言ってみよう

track 088

スピーチ 1

This appears to be a small market. Perhaps it's a store that sells imported products. Behind the man in the picture, the shelves are stocked with many kinds of goods. I wish there were more import stores in my neighborhood. I enjoy trying foods from different countries.

これは小さな店のようです。もしかすると、輸入品を売っている店かもしれません。写真の男性の後ろには、棚にいろいろなものが置かれています。うちの近所にもっと輸入品のお店があればいいのですが。私はいろいろな国の食べ物を試すのが好きなんです。

* imported products「輸入製品」　in one's neighborhood「…の近所に」

👍 表現のポイント

推量・想像を述べる　appears to be ...「…であるようだ；…に見える」
関係詞で表現する　that ...「そしてそれは…」
場所・位置・方向を述べる　Behind ...「…の後ろに；背後に」
受け身で表現する　are stocked with ...「…が置かれている；在庫されている」
希望・期待を述べる　I wish there were ...「…があればいいのだが」
好みを述べる　I enjoy -ing「…することを楽しむ」

Unit 44　A Small Store

スピーチ 2

This picture shows a man standing in a store. He's **definitely not** a customer. **Because** he's wearing an apron, **I think** he works there. **Based on** his smile, I think he's a good salesperson. **It's difficult to say for sure, but** this **looks like** a grocery store.

この写真は店の中に立っている男性を写しています。彼は絶対にお客さんではありません。彼はエプロンを着けているので、そこで働いているのだと思います。彼の笑顔から判断すると、彼はよい販売員なのだと思います。はっきり言うのは難しいのですが、これは食料雑貨店のようです。

👍 表現のポイント

全体像を述べる　**This picture shows ...**「この写真は…を見せている」
確信を述べる　**is definitely not ...**「絶対に…ではない」
理由を述べる　**Because ...**「…なので」
意見・感想を述べる　**I think ...**「…だと思う」
理由を述べる　**Based on ...**「…に基づいて」
疑問・不明を述べる／逆接・順接で述べる　**It's difficult to say for sure, but ...**「はっきり言うのは難しいが…」
推量・想像を述べる　**looks like ...**「…のように見える；思える」

スピーチ 3

In this picture a store employee is smiling for the camera. The shelves **behind** him are full of many different items. **I imagine** the items on the shelves are food products. I **often** shop at small shops **like this one**. Sometimes large department stores **are more convenient** though. **For me** it depends on what I'm shopping for.

この写真では、店の従業員がカメラに向かってほほえんでいます。彼の後ろの棚はいろいろな商品でいっぱいです。棚の商品は食料品だろうと思います。私はこのような小さな店でよく買い物をします。しかし、大きなデパートが便利な場合もあります。私にとって、自分がなにを買うかによるのです。
＊ **sometimes**「ときには」

👍 表現のポイント

全体像を述べる　**In this picture ...**「この写真では…」
場所・位置・方向を述べる　**behind ...**「…の後ろの；背後の」
推量・想像を述べる　**I imagine ...**「…だと想像する」
頻度を述べる　**often**「よく；しばしば」
例示する　**like this one**「このような」
目立つ点・特徴を述べる　**... are more convenient**「…のほうがより便利だ」
意見・感想を述べる　**For me ...**「私にとっては…」

UNIT 45 Photo Shoot
写真撮影

track 089

1 質問に答えてみよう

①
What is this a picture of?
これはなんの写真ですか?

- **This is a picture of a fashion shoot.**
  これはファッションの撮影の写真です。
- **This is a photography session.**
  これは写真撮影です。
- **To me this looks like a photo shoot.**
  私には写真撮影に見えます。

②
Who is having their picture taken?
だれが写真を撮られていますか?

- **A model is having her picture taken.**
  ひとりのモデルが写真を撮られています。
- **The woman sitting in the chair is being photographed.**
  イスに腰掛けている女性が写真を撮られています。
- **The woman in the center of the picture. She must be a model.**
  写真の中央の女性です。彼女はモデルに違いありません。

Unit 45 Photo Shoot

③ What are the other people in the picture doing?
写真のほかの人たちはなにをしていますか?

- **The man behind the camera is taking the pictures.**
  カメラの後ろの男性は写真を撮っています。
- **The three women are doing the model's hair and makeup.**
  3人の女性がモデルの髪のセットと化粧をしています。
- **The men on the left and right are helping with the lights.**
  左右の男性はライティングの手助けをしています。

④ What do you think this fashion shoot is for?
このファッション撮影はなんのためだと思いますか?

- **It might be for a clothing magazine.**
  洋服雑誌のためかもしれません。
- **It could be for a TV commercial.**
  テレビコマーシャル用かもしれません。
- **It's likely for some kind of magazine.**
  なにかの雑誌のためかもしれません。

⑤ What is your impression of the model?
モデルについてあなたの印象は?

- **She's a young woman, probably in her twenties.**
  彼女は若い女性で、おそらく20代でしょう。
- **She must be quite famous.**
  彼女はかなり有名に違いありません。
- **She's definitely beautiful.**
  彼女は明らかに美人です。

💬 vocabulary

① fashion shoot「(雑誌などの)ファッションの撮影」 session「活動の集い；集団での活動；会」 photo shoot「写真撮影」 ② have one's picture taken「写真を撮られる」 their = his or her「彼または彼女の」 be photographed「写真撮影される」 ③ do someone's hair and makeup「…の髪と化粧を整える」 help with …「…を(補助的に)手伝う」 ④ clothing magazine「洋服の雑誌」 fashion magazineでも同じ。 some kind of …「ある種の…；なんらかの…」

▶▶▶ 187

第1部 スピーキングトレーニング編

2 ひとりで言ってみよう

track 090

スピーチ 1

This is a picture of a fashion shoot. The woman sitting in the chair **is being photographed**. She **must** be a model. She's a young woman, **probably** in her twenties. She **looks** very comfortable, **so** I think she models for a living. She's probably used to being **in front of** a camera.

これはファッション撮影の写真です。イスに座っている女性が撮影されているところです。彼女はモデルに違いありません。彼女は若い女性で、おそらく20代でしょう。彼女はとてもくつろいで見えるので、モデルとして生計を立てているのだと思います。おそらく彼女はカメラの前にいることに慣れているのでしょう。

* comfortable「快適な；くつろいだ」　for a living「生計を立てるために」

👍 表現のポイント

全体像を述べる　**This is a picture of ...**「これは…の写真だ」
受け身で表現する　**is being photographed**「写真に撮られているところだ」
確信を述べる　**must ...**「…に違いない」
推量・想像を述べる　**probably**「おそらく；たぶん」　**looks ...**「…に見える」
逆接・順接で述べる　**..., so ...**「…なので…」
場所・位置・方向を述べる　**in front of ...**「…の前に」

Unit 45 Photo Shoot

スピーチ 2

There are a number of people working in this scene. The man behind the camera is taking the pictures. Aside from the model, the other people look like assistants. The women are making sure the model looks good. The men on the left and right are helping with the lights.

この現場では、数名の人たちが働いています。カメラの後ろの男性が写真を撮影しています。モデルを除いたほかの人たちはアシスタントのようです。女性たちはモデルがきれいに見えるよう努力しています。左右の男性はライティングの助手をしています。

* scene「現場；場面」　make sure (that) ...「…ということを確実にする；確認する（ように努める）」

👍 表現のポイント

数・量・割合・金額を表現する　a number of ...「数名の…；多くの…」
場所・位置・方向を述べる　behind ...「…の後ろの；背後の」
進行形で表現する　is taking「撮っている」
対照する　Aside from A, the other people ...「Aを除いて、ほかの人は…」
場所・位置・方向を述べる　on the left and right「左と右の」
進行形で表現する　are helping with ...「…を手伝っている」

スピーチ 3

This looks like a photo shoot of some kind. It might be for a clothing magazine. The short woman on the left is holding a spare shirt. They could be discussing which shirt the model should wear. But then again, the model might change clothes several times during the session.

これはなんらかの写真撮影に見えます。洋服雑誌用かもしれません。左手の背の低い女性は予備のシャツを持っています。彼らは、モデルがどのシャツを着るべきか話し合っているのかもしれません。しかし一方で、モデルは撮影の間に何度か着替えをするのかもしれません。

* spare「予備の；備えの」　discuss「話し合う；議論する」　during ...「…の（期間の）間に」

👍 表現のポイント

推量・想像を述べる　looks like ...「…に見える」　might ...「…かもしれない」
目的・手段を述べる　for ...「…のため」
場所・位置・方向を述べる　on the left「左の」
進行形で表現する　is holding「持っている」
推量・想像を述べる　could ...「…かもしれない」
逆接・順接で述べる　But then again, ...「しかしまた一方で…」
推量・想像を述べる　might ...「…かもしれない」

UNIT 46 Cook Out
バーベキュー

🔊 track 091

1 質問に答えてみよう

① What are these people doing?
この人たちはなにをしていますか?

- **They are having a house party.**
  彼らはホームパーティーをしています。
- **The people in this picture are grilling out.**
  この写真の人たちは外でバーベキューをしています。
- **They are having dinner together.**
  いっしょに夕食を食べています。

② Where do you think they are?
彼らはどこにいるのだと思いますか?

- **I think they're in someone's backyard.**
  だれかの家の裏庭にいるのだと思います。
- **They are probably at one of these people's houses.**
  たぶんこの人たちの家のひとつにいるのでしょう。
- **They're sitting at a round table, probably on a patio.**
  おそらくパティオにある丸いテーブルに座っています。

Unit 46 Cook Out

③ What kind of food is on the grill?
グリルにはどんな食べ物がありますか?

- **The long, round meats in the middle look like sausages.**
  中程の長くて丸い肉はソーセージのようです。
- **There are several skewers on the far end. Perhaps it is chicken.**
  遠い端には何本かの焼き串があります。たぶん鶏肉でしょう。
- **In the foreground there appears to be a beef or pork roast.**
  手前にはビーフかポークのローストがあるようです。

④ Why do you think they are having a party?
どうしてパーティーをしているのだと思いますか?

- **Maybe it is someone's birthday.**
  たぶん、だれかの誕生日でしょう。
- **They might be celebrating something.**
  なにかを祝っているのかもしれません。
- **It could be just a family having dinner outdoors.**
  家族が屋外で夕食を食べているだけかもしれません。

⑤ Do you ever cook out on a grill?
グリルでバーベキューをしたことがありますか?

- **My friends and I grill out in the summertime.**
  夏には、友人たちとバーベキューをします。
- **I grill out at the park a few times a year.**
  年に数回公園でバーベキューをします。
- **On special occasions, we grill steaks on our charcoal grill.**
  特別な機会には、炭火のグリルでステーキを焼きます。

💬 vocabulary

① grill out「外でバーベキューをする」 ② backyard「裏庭」 patio「パティオ;中庭;テラス」
③ grill「焼き網」 skewer「焼き串」 ④ celebrate「祝う」 ⑤ cook out「外で料理する;バーベキューする」 special「特別な」 occasion「機会」 charcoal grill「炭焼きのグリル」

第1部　スピーキングトレーニング編

2　ひとりで言ってみよう

🔊 track 092

スピーチ 1

This is a picture of people having dinner together. **It looks like** they are outside. There are several kinds of food on the grill. The long, round meats **in the middle look like** sausages. The food looks delicious. They **had better** be careful though, or the food **will burn**.

....

これは人々がいっしょに夕食を食べている写真です。彼らは外にいるようです。グリルには数種類の食べ物が載っています。中程の長くて丸い肉はソーセージに見えます。食べ物はおいしそうです。しかし、気をつけたほうがよさそうです。さもないと食べ物が焦げてしまいます。
* look delicious「おいしそうに見える」　or「さもないと」　burn「焦げる」

👍 表現のポイント

全体像を述べる　**This is a picture of ...**「これは…の写真だ」
推量・想像を述べる　**It looks like ...**「…のように見える；思える」
場所・位置・方向を述べる　**in the middle**「真ん中の」
推量・想像を述べる　**look like ...**「…のように見える；思える」
必要を述べる　**had better ...**「…したほうがいい」
未来時制で表現する　**will burn**「焦げるだろう」

Unit 46 Cook Out

スピーチ 2

The people in this picture are grilling out. They're sitting at a round table, probably on a patio. They are having a toast, so they might be celebrating something. I can't think of a better way to spend time with friends or family.

この写真の人たちはバーベキューをしています。彼らは、おそらくパティオの丸テーブルで腰を下ろしています。乾杯しているので、なにかを祝っているのかもしれません。私は、友人や家族と過ごす、これ以上の方法を思いつきません。

* have a toast「乾杯する」 a better way to spend「過ごすためのさらによい方法」

👍 表現のポイント

進行形で表現する	are grilling out	「バーベキューをしている」
	are sitting at ...	「…に座っている」
推量・想像を述べる	probably	「おそらく」
逆接・順接で述べる	..., so ...	「…なので…」
推量・想像を述べる	might ...	「…かもしれない」
進行形で表現する	be celebrating	「祝っている」

スピーチ 3

This is a picture of a cook out. On special occasions, we grill steaks on our charcoal grill. Our house isn't very big, however, so we can't invite many people over. I wish we had a bigger house, so we could host parties like this one.

これはバーベキューの写真です。私たちは、特別な機会に、炭焼きグリルでステーキを焼きます。しかしながら、私たちの家はあまり大きくはないので、たくさんの人を招待することはできません。もっと大きな家があればいいのにと思います。そうすれば、こういったパーティーを主催できるのですが。

* invite people over「人々を呼ぶ；招待する」 host「主催する」

👍 表現のポイント

全体像を述べる	This is a picture of ...	「これは…の写真だ」
傾向・習慣を述べる	On special occasions, ...	「特別な機会に…」
逆接・順接で述べる	..., however, ...	「しかしながら…」
希望・期待を述べる	I wish we had	「…があればなあ」
比較して述べる	bigger	「より大きな」
目的・手段を述べる	so we could ...	「…できるように」
例示する	like this one	「このような」

UNIT 47 Interior of a House
室内

🔊 track 093

1 質問に答えてみよう

① What is this a picture of?
これはなんの写真ですか？

- **This is a picture of the interior of a house.**
  これはある家の室内写真です。
- **This is the interior of someone's home.**
  これは、だれかの家の室内です。
- **This picture shows the inside of a house.**
  この写真には、ある家の内側が写っています。

② What is your impression of the house?
あなたのこの家の印象は？

- **The owners are undoubtedly very wealthy.**
  所有者は間違いなくとても裕福です。
- **This is a very large house, so I imagine it has many bedrooms.**
  これはとても広い家です。なので、たくさんのベッドルームがあるのだろうと思います。
- **It's very neat and well-organized.**
  とてもきちんとして、上手に構成されています。

▶▶▶ 194

Unit 47 Interior of a House

③ What rooms are shown in this photo?
この写真にはどんな部屋が写っていますか?

- **In the foreground, there's a living room.**
  手前に、居間があります。
- **The kitchen is toward the back.**
  キッチンが後ろのほうにあります。
- **There's a living room, along with the kitchen and dining room.**
  キッチンとダイニングに加えて、居間があります。

④ What do you think is upstairs?
階上にはなにがあると思いますか?

- **That's probably where the bedrooms are.**
  おそらくベッドルームがあるのでしょう。
- **I'd guess there are several bedrooms and bathrooms.**
  いくつかベッドルームとバスルームがあるのだろうと思います。
- **My guess is the master and guest bedrooms are on the second floor.**
  主寝室とゲスト用のベッドルームが2階にあるのだろうと思います。

⑤ Would you like to own a house like this?
このような家を持ちたいですか?

- **I would love to, but I can't afford it.**
  持ちたいものですが、自分には手が出ません。
- **I'd like to own it, but I'm not wealthy enough.**
  所有したいものですが、十分に裕福ではありません。
- **No. I don't want to pay the high utility bills.**
  いいえ。高額の公共料金を払いたくありません。

💬 vocabulary

① **interior**「インテリア;内部;室内」 **inside of ...**「…の内側」 ② **undoubtedly**「間違いなく;疑いなく」 **wealthy**「裕福な」 **neat**「きちんとした;こぎれいな」 **well-organized**「よく整理・構成されて;まとまって」 ③ **along with ...**「…に加え;…といっしょに」 ④ **upstairs**「階上に;2階に」 **That's where ...**「それは…の場所だ」 **master bedroom**「主寝室」 ⑤ **afford**「(金銭・時間・気持ちなどに)…する余裕がある」 **utility bills**「公共料金(の請求)」

第1部　スピーキングトレーニング編

2　ひとりで言ってみよう

track 094

スピーチ 1

This is a picture of the interior of a house. This house is quite spacious, so the owners are undoubtedly very wealthy. In the foreground, there is a living room with a sofa. A kitchen is toward the back and a dining room is to the right. There's a second floor, which is probably where the bedrooms are.

これはある家の室内の写真です。この家はかなり広いので、所有者は間違いなくとても裕福でしょう。手前にはソファーのある居間があります。台所は奥のほう、ダイニングは右のほうにあります。2階がありますが、そこにはおそらくベッドルームがあるのでしょう。
* spacious「広々した」

👍 表現のポイント

確信を述べる　**undoubtedly**「疑いの余地なく；間違いなく」
場所・位置・方向を述べる　**In the foreground, ...**「前景に…」
存在を表す／場所・位置・方向を述べる　**... is toward the back**「…は後方・後ろのほうにある」
　　　　　　　　　　　　　　　　　　... is to the right「…は右のほうにある」
存在を表す　**There's ...**「…がある」
関係詞で表現する　**which ...**「そしてそれは…」　**where ...**「そしてそこには…」

Unit 47 Interior of a House

スピーチ 2

This is the interior of someone's home. I get the impression that the person who lives here is rich. This house must take a long time to clean because it is so big. It's very neat and well-organized. Perhaps the people who own it hire a housekeeper.

これはだれかの家の内部です。私の印象では、ここに住んでいる人はお金持ちでしょう。この家はとても大きいので、掃除にとても時間がかかるに違いありません。とてもきちんとしていて、上手に構成されています。もしかすると、所有者は家政婦さんを雇っているのかもしれません。

* take a long time to ...「…するのに長い時間がかかる」 clean「掃除する」 hire「雇う」
  housekeeper「家政婦」

👍 表現のポイント

推量・想像を述べる　I get the impression that ...「…という印象を受ける」
関係詞で表現する　who ...「そしてその人(たち)は…」
確信を述べる　must「…に違いない」
目的・手段を述べる　to clean「掃除するのに」
理由を述べる　because ...「…だから」
推量・想像を述べる　Perhaps ...「もしかすると…」

スピーチ 3

We can only see the living room, dining room and kitchen in this photo. This is a very large house, so I imagine it has many bedrooms. I would love to own a house like this, but I can't afford it. The room in this picture is bigger than my entire apartment.

この写真では、リビングとダイニング、キッチンしか見えません。これはとても広い家なので、たくさんのベッドルームがあるのだろうと思います。こういった家を持ちたいものですが、私には手が出ません。この写真の部屋は私のアパート全体よりも大きいんです。

* entire apartment「アパート全体」

👍 表現のポイント

全体像を述べる　We can only see ... in this photo「この写真には…しか見えない」
逆接・順接で述べる　..., so ...「…なので…」
推量・想像を述べる　I imagine ...「…だと想像する」
希望・期待を述べる　I would love to ...「…したいものだ」
逆接・順接で述べる　..., but ...「…だが…」
比較して述べる　bigger than ...「…よりも大きな」

第2部

キーフレーズ編

01 全体像を述べる

目で見たものに関して話すときには、全体像の描写からスタートすると、状況が相手に伝わりやすくなります。This is a picture of ...「これは…の写真だ」、This photo is of ...「この写真は…に関するものだ」といった、全体像を語りながら話を切り出す表現を身につけましょう。

◎ **This is a picture of ...**「これは…の写真だ」
　This is a picture of an airport terminal.
　これは空港のターミナルの写真です。
　　＊of ... は「…の」と限定・指定を表す。

◎ **This photo is of ...**「この写真は…に関するものだ」
　This photo is of a woman hiking in the mountains.
　これは山でハイキングしている女性の写真です。
　　＊of ...「…に関する」。　hiking in the mountain は「山でハイキングしている」。

◎ **This picture shows ...**「この写真は…を示している」
　This picture shows a birthday party.
　この写真には誕生パーティーが写っています。
　　＊show は「見せる；示す」。

◎ **Here is ...**「ここに…がいます；あります」
　Here is a man and woman lying on the beach.
　(ここに)ビーチに寝転んでいる男性と女性がいます。

◎ **Here we can see ...**「ここには…が見える」
　Here we can see a mother cradling her baby.
　ここには赤ちゃんを抱えている母親が見えます。
　　＊see A -ing で「Aが…しているのが見える」という意味。　cradle「両手で抱え持つ；抱えてあやす」。

◎ **The people in this picture are at ...**「写真の人々は…にいる」
　The people in this picture are at an amusement park.
　この写真に写っている人たちは遊園地にいます。
　　＊be動詞は「いる；ある」と存在を表す。　amusement park「遊園地」。

◎ **This is ...**「これは…だ」
　This is a group of people at a bar.
　これはバーにいる人たちです。
　　＊a group of ... は「一団の…」。　bar は「居酒屋」。

◎ **In this picture ...**「この写真では…」
　In this picture a group of friends are sharing a laugh.
　この写真では、友達グループがいっしょに笑っています。
　　＊share は「分かち合う」。

◎ **This picture was taken in ...**「この写真は…で撮られた」
　This picture was taken in a store.

この写真はあるお店で撮られたものです。
* be taken は受動態表現。

02 目立つ点・特徴を述べる

なにかについて説明する場面では、目立つ点や特徴などを挙げて説明することも重要です。notice「気づく」という動詞を使ったり、be known for ...「...で知られている」、be famous for ...「...で有名だ」、be popular「人気がある」といったフレーズを使ったりしながら、特色を述べる言い方を学習しましょう。

◎ **I notice ...**「...がわかる；気づく...に注目する」
I notice there are a lot of packages.
たくさんの包みがあるのがわかります。
* package「包み；箱」。

◎ **The first thing you notice about A is B**「Aに関して最初に気づくのはBだ」
The first thing you notice about the picture is the large cruise ship.
写真について最初に気づくのは大きなクルーズ船です。
* cruise ship「大型の巡航船」。

◎ **feature ...**「...を呼び物にする；出演させている」
This picture features a Japanese woman.
この写真には日本人女性が写っています。

◎ **be the most prominent of ...**「...の中でもっとも目立っている；際立っている」
Roller coasters are the most prominent of many amusement park rides.
ジェットコースターは、遊園地の多くの乗り物でもっとも目立つものです。
* the most prominent は最上級。

◎ **be known for ...**「...で有名だ」
London is known for its bad weather.
ロンドンは天気が悪いことで有名です。
* bad weather「悪天候」。
Shibuya is known for its scramble crossings.
渋谷は、スクランブル交差点で有名です。
Japan is famous for having many vending machines.
日本は、たくさんの自動販売機があることで有名です。
* vending machine「自動販売機」。

◎ **A is a (very) popular B**「Aはとても有名なBだ」
A hot pot is a popular Japanese meal.
鍋は日本の有名な食事です。
* meal は「食事」の意。
Shibuya is a very popular tourist attraction.
渋谷はとても有名な観光名所です。
* tourist attraction は「観光名所」。 attraction は「引きつけるもの；呼び物；魅力あるもの」の意。

◎ **be especially popular**「特に人気だ」
　Green tea **is especially popular** in East Asia.
　緑茶は、特に東アジアで人気があります。
　　＊especiallyは「特に；とりわけ」。

03　対照する

ふたつあるいはそれ以上の事物を対比しながら話せば、それぞれの事物をより具体的に説明することができます。「…の一方…」とか「一方は…で、他方は…だ」といった説明を行うための表現をチェックしましょう。on the one hand, ...「一方で…」、on the other hand, ...「他方で…」という表現がその代表格です。while..., whereas ...「だが一方で…」といった接続詞を使う言い方もあります。

◎ **On the other hand, ...**「(しかし)他方では…；あるいは…」
　They could be on their honeymoon. **On the other hand,** they could be on a date.
　彼らはハネムーンに来ているのかもしれません。あるいは、デートかもしれません。
　I believe they are in their mid-30's. **On the other hand,** they could be younger.
　彼らは30代半ばだと思います。しかし、もっと若いのかもしれません。
　　＊in one's mid-30'sで「30代半ばの」という意味。
　It appears she is using her credit card. **On the other hand,** she's holding a coin purse.
　彼女はクレジットカードを使っているように見えます。一方で、小銭入れを握っています。
　　＊coin purse「小銭入れ」。

◎ **On the one hand, ...**「一方で…」
　On the one hand, outdoor concerts are exciting. **On the other hand,** the sound isn't as good.
　一方でアウトドア・コンサートはわくわくします。(しかし)もう一方で音はそれほどよくありません。
　　＊on the one hand, ... とon the other hand, ... が、対になった表現。

◎ **Some of -s ... Others ...**「〜のいくつかは…。ほかのものは…」
　Some of the planes are moving. **Others** are parked at the gates.
　飛行機のいくつかは動いています。ほかの飛行機はゲートに停まっています。
　　＊parkedは「駐車した；停止した」。

◎ **Sometimes ..., and other times ...**「ときには…、またほかのときには…」
　Sometimes we use chicken, **and other times** we use seafood.
　ときには鶏肉を使い、シーフードを使うこともあります。

◎ **A, while/ whereas B**「Aだが、一方でB」
　The big boat is moving, **while** the smaller boat is sitting still.
　大きな船は動いていますが、一方で小さな船はじっとしています。
　　＊sit stillで「じっとしている」。
　In the wintertime New York City is very cold, **whereas** Miami is quite warm.
　ニューヨークが冬場にとても寒い一方、マイアミはかなり暖かいのです。

◎ **Aside from A, the other people ...**「Aを除けば、ほかの人たちは…」
Aside from the model, the other people look like assistants.
モデルを除くと、ほかの人たちはアシスタントのようです。

04 順序立てて説明する

順序立ててなにかの理由を説明したり、動作の手順を話したりする場面では序数を使った表現が多用されます。Firstly「まず第一に」、Secondly ...「第二に」、Finally ...「最後に…」といった具合にセットで用いられることに注意しましょう。Firstly, Secondly ... は既出の事柄の理由などを説明する場面で、First, Second, ... は手順を説明するときに多く用いられます。

◎ **First, .../Firstly, ...**「最初に…；まずは…」
First, you mix eggs, flour, butter, sugar and milk.
最初に、卵と小麦粉、バター、砂糖、牛乳を混ぜます。
　＊flourは「小麦粉；メリケン粉」。
Firstly, because they are both wearing the same shorts.
まずは、彼らがともに同じ半ズボンを履いているからです。
　＊shorts「半ズボン；短パン」。

◎ **Second, .../Secondly, ...**「第二に…」
Second, you knead the dough.
次は生地をこねます。
　＊kneadは「こねる；練る」。
Secondly, their backpacks are very similar.
第二に、彼らのバックパックはとても似ています。

◎ **After that, ...**「そのあと…」
After that, you roll the dough.
そのあと、生地を伸ばします。
　＊roll the doughで「生地を伸ばす」。

◎ **Finally, .../ Lastly, ...**「最後に…」
Finally, you cut them into shapes and put them in the oven.
最後に、型を抜きオーブンに入れます。
　＊cut ... into shapes「…をいろんな型に抜いて切る」。
Lastly, their haircuts are the same.
最後に、彼らの髪型が同じです。

◎ **One reason is ... Another reason is ...**
「ひとつの理由は…。もうひとつの理由は…」
One reason is because of the writing on the chalkboard. Another reason is because the teacher is wearing a lab coat.
ひとつの理由は黒板に書いてあるものです。もうひとつの理由は先生が実験用のコートを着ているからです。
　＊lab coat「実験用のコート」。

◎ **The third ...**「3番目の…；第3の…」
Two of the women are drinking wine. **The third** woman is drinking a cocktail.
ふたりの女性はワインを飲んでいます。3番目の女性はカクテルを飲んでいます。

05　逆接・順接で述べる

「AなのでBだ」とか「AだがBだ」と順接や逆接の表現を使って話を進める方法を学習します。順接を表すものには、A, so B「AなのでB」、Therefore, .../As such, ...「それゆえ…」などが、逆接を表すものにはA, but B「AだがB」、Although A, B「AだけれどもB」、While A, B「AだがB；AなのにB」、However, ...「しかしながら…」といった表現があります。

◎ **A, so B**「AなのでB；AだからB」
They are dressed warmly and moving around, **so** they probably feel quite warm.
彼らは暖かい服装で動き回っているので、おそらくかなり暖かく感じています。

◎ **As such/Therefore, ...**「それゆえ…」
There are many volcanoes in Japan. **As such/Therefore,** Japanese have enjoyed hot springs for centuries.
日本には多くの火山があります。それゆえ、大昔から日本人は温泉を楽しんできたのです。
  * volcanoは「火山」。　hot springsは「温泉」。

◎ **A, but B**「AだがB」
There's snow, **but** it doesn't appear very cold.
雪がありますが、あまり寒そうには見えません。

◎ **..., though**「しかしながら…」
The tickets can be very expensive, **though**.
しかしながら、チケットはかなり高いこともあります。
  * canは可能性を表す。

◎ **Although A, B**「AだけれどもB」
Although this is hard work, many of the workers are women.
これは重労働ですが、働き手の多くは女性です。
  * many of -s「…の多く」。

◎ **While A, B**「AだがB；AなのにB」
While I have never tried it, I hear that it's really dangerous.
それを試したことはありませんが、とても危険だと聞いています。

◎ **Even though A, B**「たとえAであってもB」
Even though *sushi* is a traditional Japanese food, some Japanese don't like *sashimi*.
たとえ寿司が日本の伝統食であっても、刺身が嫌いな日本人もいくらかはいるのです。
  * traditional「伝統的な」。

◎ **However, ...**「しかしながら…」
However, they are too expensive for me.
しかしながら、それらは私には高価すぎます。

◎ **(But) Then again, ...**「しかしながら…；とは言え…；一方で」
(But) Then again, the model might change clothes several times during the session.
とは言うものの、モデルはセッション中に何度か服を着替えるのかもしれません。
   * session「期間」ここではphoto session「撮影会」のこと。

◎ **Despite this, ...**「これにもかかわらず…」
Despite this, in my opinion, green tea is much healthier than coffee.
にもかかわらず、私の意見では、緑茶のほうがコーヒーよりもはるかに健康的です。
   * healthier は healthy「健康な」の比較級。

06　仮定する

なんらかの場合を設定したり、仮定を設けながら話を進める方法を学習しましょう。場合や仮定を表すIf ...「もし…ならば」の節を使うのがもっとも代表的な方法です。また、現実にはそうなっていないことを仮定して希望を述べるときに使うI wish I could ...「…できたらなあ」や、I wish I were ...「…だったらなあ」といった初歩的な仮定法も身につけましょう。

◎ **If A, B**「もしAならばB」
If they aren't twins, they are certainly brothers.
もし彼らが双子でないなら、確実に兄弟です。
If a station is nearby, it's not a busy one.
もし駅が近くにあるのなら、それは混雑していない駅です。
If the baby is sick, it's not serious because the women are both smiling.
もし赤ちゃんが病気なら、重病ではありません。なぜなら、女性たちがふたりともほほえんでいるからです。
If they are in Japan, they must be at least 20 since they are drinking alcohol.
彼らが日本にいるのなら、少なくとも20歳のはずです。なぜなら、アルコールを飲んでいるからです。

◎ **as long as ...**「…である限り」
In my opinion outdoor concerts are much better, as long as the weather is nice.
私の意見では、天気がいい限りは、屋外のコンサートのほうがはるかにいいと思います。
   * outdoor concert「屋外コンサート」。

◎ **I wish I could ...**「…できたらなあ」
I wish I could do it more often.
もっと頻繁にそれができたらなあ。

◎ **I wish there were ...**「…があったらなあ」
I wish there were more import stores in my neighborhood.
輸入雑貨店が近所にもっとあったらなあ。
　＊import store は「輸入雑貨店」のこと。

◎ **I wish we had ...**「…を持っていたらなあ」
I wish we had a bigger house, so we could host parties like this one.
こんなパーティーを主催できるように、もっと大きな家があったらなあ。
　＊so that A could B「AがBできるように；できるほど」。

07　追加する

見たものを説明する場面では、さらになんらかの情報を追加したいときがあります。そのようなときには、「その上…」「さらに…」「加えて…」といった意味合いになる表現が便利です。Not only that, ...「それだけでなく…」のようにフレーズで表現したり、Furthermore, ...「その上…」のように副詞1語で表現するものなどがあります。

◎ **Not only that, ...**「それだけでなく…；その上…」
Not only that, all or most of the shoes have heels.
それだけではなく、全部、あるいはほとんどの靴にはヒールがついています。
　＊most of ...「ほとんどの…」。

◎ **On top of that, ...**「その上…」
On top of that, I can see a famous clock called "Big Ben" in the background.
その上、背景にはビッグベンと呼ばれる有名な時計が見えます。
　＊called ...「…と呼ばれる」は過去分詞。　in the background「背景に」。

◎ **In addition, ...**「加えて…；その上…」
In addition, their shirts and backpacks are identical.
その上、シャツとバックパックがまったく同じです。
　＊identical「同一の；まったく同じ」。

◎ **Furthermore, ...**「さらに…；その上…」
Furthermore, some accidents might not be reported.
さらに、事故のいくつかは報告されていないかもしれません。

◎ **Moreover, ...**「その上…；さらに…；加えて…」
Moreover, hot springs are also thought to cure certain ailments.
加えて、温泉は特定の病気を治癒すると考えられてもいます。

◎ **Also, ...**「その上…；さらに…」
Also, you can make hotpot a vegetarian dish.
さらに、鍋をベジタリアン料理にすることもできます。

◎ **Plus, ...**「加えて…；さらに…」
Plus, there's a "happy birthday" sign on the wall.
さらに、壁には「誕生日おめでとう」と書かれています。
　　＊ Plus, ... は理由を並べるときに多く用いられる。　　sign「サイン；書かれたもの；記号」

◎ **besides ...**「…に加えて；…のほかに」
In Japan, besides soft drinks, you can buy cigarettes or even alcohol.
日本では、ソフトドリンクのほか、タバコあるいはアルコールさえも買えます。

08 意見・感想を述べる

自分の意見を述べるときにもっともよく使われるのは I (don't) think ...「私は…だと思います／…だとは思いません」というフレーズです。また、in my opinion ...「私の意見では…；私に言わせれば…」というフレーズを文頭や文末において使うこともよくあります。このほか動詞 believe にも「…だと思う」という意味があります。

◎ **I think (that) ...**「…だと思う」
I think it's a grandfather and his grandson.
それはおじいさんとその孫だと思います。
I think she's a very experienced hiker.
彼女はとても経験豊富なハイカーだと思います。
　　＊experienced「経験豊富な」。
Since the teacher is smiling, I think he enjoys his job.
先生はほほえんでいるので、彼は自分の仕事を楽しんでいると思います。

◎ **I don't think (that) ...**「…ではないと思う」
I don't think bad weather caused the accident.
悪天候のために事故が起こったのではないと思います。
　　＊ cause the accident は「事故を生じさせる」という意味。

◎ **I believe (that) ...**「…だと思う；信じる」
I believe they are in their mid-30's.
彼らは30代半ばだと思います。

◎ **In my opinion, ...**「私に言わせると…；私の意見では…」
In my opinion, green tea is much healthier than coffee.
私に言わせると、緑茶のほうがコーヒーよりもずっと健康的です。
In my opinion, they look too young to be married.
私の意見では、彼らは、結婚しているにしては若すぎると思います。
　　＊ too A to B は「BするにはAすぎる」。
The music was fantastic, but there were too many people in my opinion.
音楽がすばらしかったのですが、私に言わせると人が多すぎました。
　　＊fantastic「すばらしい」。

09　知識・理解を述べる

なにかに関する理解を示すことで、話を聞いている相手に情報がうまく伝わる場合があります。知識や理解に言及するには、know「わかる；知っている」、tell「わかる；知る；見分ける」、see「わかる」、realize「…だと気づく；…だとわかる」などの動詞を使って表現できます。

◎ **I know ...**「…がわかる；…と知っている」
　I know how she feels.
　彼女の気持ちはわかります。
　　＊ how she feels は「彼女がどう感じているか」という意味。
　I know this is Ochanomizu.
　これは御茶ノ水だと、私にはわかります。

◎ **We know ...**「(われわれには) …とわかる」
　We know it is wintertime, because there's snow on the ground.
　地面に雪があるので、冬だとわかります。
　　＊ wintertime「冬(の時期)；冬期」。
　We know it's Christmas because there's a Christmas tree behind them.
　彼らの後ろにクリスマスツリーがあるので、クリスマスだとわかります。

◎ **We can tell ...**「…だとわかる；見分けがつく」
　We can tell she is a geisha because of her makeup and hair style.
　彼女の化粧と髪型で、彼女が芸者だとわかります。
　　＊ because of ...「…が原因で；…が理由で」。

◎ **We can see that ...**「…だとわかる」
　We can see that this woman is upset.
　この女性がうろたえているのがわかります。
　　＊ upset「取り乱して；立腹して；むしゃくしゃして」。

◎ **realize ...**「…だと気づく；わかる」
　On the other hand, perhaps she realizes she was overcharged.
　一方で、もしかしたら、彼女は余分に請求されたことに気づいているのかもしれません。

10　傾向・習慣を述べる

最初の3例のように現在形を用いて表現すれば、もっともかんたんに習慣を表すことができます。また一般的な傾向を表すのには、generally や commonly、normally、usually などの副詞もよく使います。このほか、第1部では Typically, ...「概して…；一般的に…」、Customarily, ...「習慣的に…；慣例上…」なども登場しました。

◎ 動詞の現在形「(習慣として) …する」
　I bake cookies often.
　私はよくクッキーを作ります。
　　＊ bake「(クッキーなどを)焼く」。

Perhaps she commutes to school by bicycle.
おそらく彼女は自転車で学校に通っています。
　＊commute「通勤・通学する」。
My friends and I enjoy *hanami* every year.
友人と私は毎年、花見を楽しみます。

◎ **tend to ...**「よく…する；…する傾向がある」
I tend to get nervous.
私は緊張する性質（たち）なんです。
　＊get nervous「緊張する」。

◎ **Generally, ...**「一般に…；だいたい…；概して…」
Generally, it is popular among children or teens.
一般的には、それは子どもや10代の間で人気です。

◎ **Commonly, ...**「一般に…；ふつうは…」
Commonly, people buy them from street vendors.
ふつう、みんなはそれを露天商から買います。
　＊street vendor「露天商」。

◎ **Normally, ...**「通常は…；ふつうは…」
Normally, the ingredients are boiled in broth and shared by people at the table.
ふつう、具材はスープの中でゆでられ、テーブルでみんなに分けられます。
　＊ingredient「具材；材料」。　broth「スープ」。

◎ **usually**「たいてい；ふつうは；いつもは」
I hear that in the US, vending machines are usually in hotels or stores.
自動販売機は、アメリカではふつうホテルやお店の中にあると聞いています。
　＊vending machine「自動販売機」。

11　確信を述べる

確信を表すには、obviously「明らかに」、certainly「確かに」、definitely「確かに；絶対に」といった副詞がよく用いられます。また、I'm sure ...「きっと…だと思う」や、I'm certain ...「…だと確信がある」など形容詞を用いた言い回しも身につけましょう。このほか、助動詞 must「…に違いない」でも強い確信を表すことができます。

◎ **definitely ...**「確かに…；絶対に…」
This park is definitely in Japan.
この公園は確実に日本にあります。

◎ **obviously ...**「明らかに…；明白に…」
This woman obviously loves to shop.
この女性は明らかに買い物好きです。

She was obviously grocery shopping.
彼女は明らかに食料雑貨の買い物をしていました。
　＊ be grocery shoppingは進行形で「食糧雑貨の買い物をしている」という意味。

◎ **(almost) certainly ...**「(ほぼ)確実に…」
The woman in this picture is almost certainly a farmer.
この写真の女性はほぼ確実に農家の人です。
Certainly, they are all having a good time.
確実に彼らみんなが楽しんでいます。

◎ **I'm sure ...**「きっと…だと思う；…だと確信している；自信がある」
I'm sure the band is popular, because the crowd is huge.
観衆がとても大きいので、きっとそのバンドは人気なのだと思います。
　＊ crowd「観衆；群衆；人混み」。
I'm pretty sure the boy and girl are brother and sister.
男の子と女の子がきょうだいなのはかなり確実だと思います。

◎ **I'm almost certain ...**「ほぼ確実に…だと思う」
I'm almost certain this picture was taken in Kyoto.
ほぼ確実に、この写真は京都で撮られたものでしょう。

◎ **no doubt ...**「疑いなく…」
The older woman in the picture is no doubt a doctor or a nurse.
写真の年配の女性は、疑いの余地なく医者か看護師です。

12　推量・想像を述べる

推量や想像を述べる場面では、probably「おそらく；たぶん；十中八九」、maybe「たぶん」、perhaps「おそらく；ひょっとすると」などの副詞を用いたり、guess「…だと推測する；…だと思う」、suppose「…だと思う」などの動詞を使う方法、さらにcould「…かもしれない；…の可能性がある」、might「…かもしれない」などの推量の助動詞を使う方法があります。

◎ **I guess ...**「(おそらく) …だと思う」
I guess it's a Marunouchi line train.
これは丸ノ内線の電車だと思います。

◎ **I suppose ...**「(たぶん) …だと思う」
I suppose they are in a jungle.
彼らはジャングルにいるのだと思います。
　＊ suppose ... は think ... よりも弱く「…だと思う」と言うときに使う。

◎ **probably ...**「おそらく…」
It's probably a math class.
それはおそらく数学の授業です。
　＊ probablyはかなり高い確率の推量を表す。

◎ **Maybe ...**「たぶん…」
Maybe someone just said a funny joke.
たぶん、だれかが、ちょうどおかしなジョークを言ったところだったのでしょう。
　　＊ maybeは35-50％ほどの確率の推量。

◎ **Perhaps ...**「たぶん…；ひょっとすると…」
Perhaps she commutes to school by bicycle.
もしかすると、彼女は自転車で学校に通っているのかもしれません。
　　＊ perhapsは30％程度の低い確率での推量。

◎ **might ...**「…かもしれない」
They might be tourists from abroad.
彼らは外国からの旅行者かもしれません。

◎ **It looks like ...**「…のように見える；思える」
It looks like a nice, sunny day.
天気のいい日のようです。
　　＊ sunnyは「晴れの」。

◎ **It appears ...**「…に見える；思える」
It appears she is using her credit card.
彼女はクレジットカードを使っているように見えます。

13　疑問・不明を述べる

疑問に思っていることを述べるには、I wonder ...「…だろうか？」という表現が使えます。wonderは「…だろうかとあれこれ自問する」という意味の動詞です。また、はっきりしないことに言及するときには、I don't know, but ...「わからないが…」や、I'm not sure, but ...「はっきりは言えないが…」といった言い方を覚えておきましょう。

◎ **I don't know, but ...**「わからないが…」
I don't know, but I think it's probably coffee.
わかりませんが、それはおそらくコーヒーだと思います。

◎ **I'm not sure, but ...**「はっきりしないが…」
I'm not sure, but it looks like there are four people in the boat.
はっきりと言えませんが、ボートには４人乗っているようです。

◎ **It's hard to be sure, but ...**「確信はもてないが…」
It's hard to be sure, but they look like vegetables.
はっきりしませんが、野菜のように見えます。
　　＊ vegetableは「野菜」。

◎ **It's difficult to say for sure, but ...**「はっきりと言うのは難しいが…」
It's difficult to say for sure, but this looks like a grocery store.
はっきり言うのは難しいですが、これは食料雑貨店に見えます。
　　＊ grocery storeは「食料雑貨店」。

◎ **It's hard to say ...**「…を言うのは難しい」
　It's hard to say where these climbers are.
　この登山者たちがどこにいるのかはっきりとは言えません。
　　＊climberは「登山者」の意。

◎ **I can't figure out ...**「…はわからない」
　I can't figure out which line this is, since the picture is black and white.
　写真がモノクロなので、これがどの路線だかはわかりません。
　　＊line「(電車の)路線」= train line。

◎ **I wonder ...**「…かなあ?」
　I wonder why she bought all those things.
　なぜ彼女はあんなにたくさんのものを買ったのだろう?
　I wonder what the presents are.
　プレゼントはなんだろう?
　I wonder which monkey got in first!?
　どのサルが最初に入ったのだろう?
　　＊why, what, which ... 以降は間接疑問の表現になっている。

14　伝聞を述べる

伝聞表現では、I hear that ...「…と聞いている」、I heard that ...「…と聞いた」あるいはI've heard that ...「…と聞いたことがある」という表現がもっとも代表的です。hearは現在形、heardは過去形、have heardは現在完了形の経験用法です。read「読んだ」、have read「読んだことがある」という言い方もいっしょに覚えましょう。

◎ **I hear that ...**「…と聞いている」
　I hear that in the US, vending machines are usually in hotels or stores.
　アメリカではふつう、自動販売機はホテルやお店の中にあると聞いています。
　I hear that in the U.S. kids are either picked up by school bus or driven to school by their parents.
　アメリカでは、子どもたちはスクールバスで拾ってもらうか、両親に車で送ってもらうかのどちらかだと聞いています。
　　＊either A or B「AかBのどちらか」。
　While I have never tried it, I hear that it's really dangerous.
　試したことはありませんが、それはとても危険だと聞いています。

◎ **I've heard ...**「…と聞いたことがある」
　I've heard the Statue of Liberty is a popular place to visit in New York City.
　自由の女神の像はニューヨーク市で訪れるのに人気の場所だと聞いたことがあります。

◎ **don't often hear about ...**「…についてそれほど耳にしない」
　It's true you don't often hear about accidents.
　確かに事故についてはそれほど聞きません。
　　＊It's true ...「確かに…；なるほど…」。

◎ **I read that ...**「…と(本などで)読んだ」
I read that tea is harvested from spring to fall.
お茶は春から秋にかけて収穫されると読みました。
   * be harvested「収穫される」。受動態表現。

◎ **I've read that ...**「…と読んだことがある」
I've read that in the US, the average person spends 110% of their annual income.
アメリカでは、平均的な人が年収の110％を使うと読んだことがあります！
   * annual incomeは「年収」。
I've also read that the Broadway shows are amazing!
ブロードウェーのショーもすばらしいと聞いたことがあります！

◎ **They say that ...**「…と言われている」
They say that flying is the safest way to travel.
飛行機に乗るのがもっとも安全な旅の方法だと言われています。

15　好みを述べる

目の前にあるものや、いっしょに見ているものなどに関して好き嫌いを述べる表現を確認しましょう。好みを表す基本の動詞には、like ...「…が好きだ」、love ...「…が大好きだ」などがあります。また、「…の大ファンだ；…が大好きだ」という意味になるbe a big fan of ... という言い方や、「…は私のお気に入りだ」という意味の ... be my favoriteというフレーズなども身につけましょう。

◎ **love ...**「…が大好きだ」
I love live music.
私は生演奏の音楽が大好きです。

◎ **love to ...**「…するのが大好きだ」
I love to go camping.
私はキャンプに行くのが大好きです。
This family certainly loves to ride their bicycles.
この家族はきっと自転車に乗るのが大好きです。

◎ **like ... the best**「…がいちばん好きだ」
Personally, I like the small, round fish eggs, called *ikura*, the best.
個人的には、小さくて丸い、イクラという魚卵がいちばん好きです。
   * like ... the best は最上級の表現。　calledは過去分詞。

◎ **don't like ...**「…が好きではない」
However, I don't like the large crowds.
しかしながら、私は人混みが好きじゃないんです。
   * crowds「人混み；群衆」。

◎ **be (not) a big fan of ...**「…が大好きだ／あまり好きではない」
I'm not a big fan of summertime, because I can't stand the humidity.
夏はあまり好きではありません。湿気に耐えられないからです。
　　＊can't stand は「耐えられない；がまんできない」。　humidity は「湿気；湿度」。

◎ **... be my favorite**「…は私のお気に入りだ」
Chocolate chip cookies are my favorite!
チョコチップのクッキーがお気に入りです！

◎ **enjoy -ing ...**「…を楽しんでいる」
I enjoy riding my bike too.
自転車に乗るのも楽しんでいます。

◎ **There is nothing I like better than ...**「…がいちばん好きだ」
There is nothing I like better than home-grown vegetables.
自家栽培の野菜がいちばん好きです。
　　＊like better than ... は「…よりも好きだ」の意。　home-grown は「自家栽培の」。

16　希望・期待を述べる

なにかの感想を述べるときに、「自分は…したい」とか「…が楽しみだ」などと希望や期待を述べることはよくあります。代表格は want「…が欲しい；…を望む」、want to ...「…したい」、would love to ...「…したいものだ」、hope to ...「…することを期待している」、look forward to ...「…を楽しみにしている；期待している」といった表現です。

◎ **(don't) want to ...**「…したい／したくない」
I don't want to pay the high utility bills.
高額の水道光熱費を支払いたくはありません。
　　＊utility bill「水道光熱費（の請求書）」。
I want to try *sashimi* at least once.
少なくとも一度は刺身を試してみたいです。

◎ **want A to B ...**「AにBしてほしい」
They want the teacher to call on them.
彼らは先生に当ててもらいたがっています。
　　＊call on ...「(授業で) …に当てる」。

◎ **I would love to ...**「…したいものだ」
I would love to own a house like this, but I can't afford it.
こんな家を持ちたいものですが、手が届きません。
　　＊afford ...「(お金や時間など) …する余裕がある」。

◎ **I hope to ...**「…することを希望する；したいと思う」
I hope to visit New York someday.
いつの日か、ニューヨークを訪れたいと思います。

◎ **I hope that ...**「…ということを願う」
　I hope that I can go there sometime.
　いつかそこに行きたいです。

◎ **I'm looking forward to ...**「…を楽しみにしている」
　I'm looking forward to taking a vacation abroad soon.
　近いうちに海外で休暇旅行を取ることを楽しみにしています。

◎ **I can't wait to ...**「…することが待ちきれない」
　I can't wait to see it.
　それを見るのが待ちきれません。

◎ **I wish ...**「…ならなあ」
　I wish there were more import stores in my neighborhood.
　近所にもっと輸入雑貨店があればなあ。

17　必要を述べる

必要を述べる表現を確認しましょう。need to ...「…する必要がある」、have to ...「…しなければならない」、should ...「…したほうがいい；…すべきだ」などの表現がよく使われます。また、強い義務を表すmust「…せねばならない」や、警告を含むhad better ..., or ...「…したほうがいい、さもないと…」といった言い方もあります。

◎ **need to ...**「…する必要がある」
　She probably **needs to** take a nap.
　おそらく彼女は仮眠する必要があるでしょう。
　　＊take a nap「仮眠する」。
　The professional riders, called "jockeys," **need to** be short in height.
　ジョッキーと呼ばれるプロの騎手は背が低くなければダメです。

◎ **don't need to ...**「…する必要はない」
　They probably **don't need to** have another checkup for six months.
　おそらく彼らは6カ月は次の検診を受ける必要がないでしょう。
　　＊checkup「健康診断」。

◎ **(don't) have to ...**「…しなければならない／…する必要はない」
　They **have to** wear heavy coats, because it's cold.
　寒いので、彼らは厚手のコートを着なければなりません。
　They **don't have to** walk to school because they can ride the bus.
　彼らはバスに乗れるので、学校まで歩く必要はありません。

◎ **should ...**「…したほうがいい；…すべきだ」
　You **should** try *takoyaki* if you get the chance.
　チャンスがあれば、焼き鳥を試してみるべきですよ。

◎ **must ...**「…せねばならない」
You must have a valid passport in order to travel overseas.
海外旅行するには、有効なパスポートを所持しなければなりません。

◎ **had better ..., or ...**「…したほうがいい、さもないと…」
They had better be careful though, or the food will burn.
しかし、彼らは注意したほうがいい。さもないと食べ物が焦げてしまうでしょう。

◎ **It is necessary/unnecessary for A to B**
「AにとってBすることは必要／不要だ」
It is necessary for passengers to go through security.
乗客はセキュリティーを通り抜ける必要があります。
It's unnecessary to rent a car because there are taxis everywhere.
タクシーがどこにでもいるので、自動車を借りる必要はありません。

◎ **be a necessary part of ...**「…の必要不可欠な一部だ」
Like it or not, airplanes, like computers, are a necessary part of our global community.
好き嫌いにかかわらず、飛行機は、コンピューターのように、グローバル社会の不可欠な一部なのです。

18 目的・手段を述べる

目的を示す表現では、不定詞の副詞用法や、その応用であるin order to ...「…するために」というフレーズ、あるいはfor ...「…のために；…のための」という前置詞がよく使われます。また、手段を表すのには、by ...「…によって」という前置詞、方法を表す場面ではway「方法」という名詞を活用した言い方を身につけましょう。

◎ **to ...**「…するために」
A lot of people go there to see a famous statue of a dog, called "Hachiko."
大勢の人が、ハチ公と呼ばれる有名な犬の像を見るためにそこへ行きます。
＊famousは「有名な」。

◎ **in order to ...**「…するために」
All four of them are wearing helmets, in order to be safe.
安全のために、4人全員がヘルメットをかぶっています。

◎ **so ...**「…するように」
They are wearing helmets so they don't get hurt.
ケガをしないように、彼らはヘルメットをかぶっています。
＊get hurt「ケガをする」。

◎ **for (-ing)**「…のための：…のために」
It's possible the cups were for soup.
カップはスープ用だったのかもしれません。

Maybe they're for watching birds.
たぶん、それは鳥の観察用でしょう。

◎ **The objective is to ...**「目的は…だ」
The objective is to be the first horse to finish the race.
目的は、レースを1等で終える馬になることです。

◎ **By -ing**「…することで」
By drinking together, we can relax and socialize with each other.
いっしょにお酒を飲むことで、くつろいでおしゃべりできます。
　＊ socialize「打ち解けて交際する；おしゃべりする」。

◎ **way to ...**「…する方法」
They say that flying is the safest way to travel.
飛行機に乗ることは、もっとも安全な旅の方法だと言われています。

19　例示する

「例えば…」、あるいは「…のように」と実例を挙げながらなにかを説明したい場合があります。そのような場面では、for example ...「例えば…」、such as ...「…といった」、like ...「…のような；…といった」の3表現がもっとも頻繁に利用されます。

◎ **for example ...**「例えば…」
Tea is grown in many countries, for example India, China and Japan.
お茶は、例えばインドや中国、日本のような多くの国で栽培されています。
For example, they are both wearing Santa hats.
例えば、彼らはふたりともサンタの帽子をかぶっています。
For example, in this picture we can see several flowers and leaves used as decoration.
例えば、この写真では、花や葉っぱがいくらか飾りとして使われているのがわかります。

◎ **such as ...**「…といった；…のような」
Other meats, such as fish, shellfish or shrimp are also commonly used.
魚や貝、あるいはエビのようなほかの肉も一般的に使われます。

◎ **like ...**「…といった；…のような」
Raw fish like this is generally sliced very thinly and normally eaten with soy sauce and wasabi.
このような生魚は一般的にはとても薄くスライスされ、通常は醤油とわさびで食べられます。
Some vending machines sell things like umbrellas or batteries too.
自動販売機には、傘やバッテリーといったものを売っているものもあります。
They are probably also carrying school supplies like pens, papers and notebooks.
彼らはおそらく、ペンやプリント、ノートといった学用品も持っています。
　＊ school suppliesは「学用品」。　papersは「プリント」。

I often shop at small shops **like** this one.
私はよくこういった小さな店で買い物します。
Airplanes, **like** computers, are a necessary part of our global community.
飛行機はコンピューターのように、国際社会の不可欠な部分です。
However, **like** this picture shows, adults can enjoy it too.
しかしながら、この写真が示しているように、大人もそれを楽しめます。

20　理由を述べる

理由を述べながら、なんらかの現象や事実を説明することが必要になることがあります。理由を表す接続詞としては、「なぜなら…だから；…だから」という意味を表す because … や since … がもっとも多用されます。また、「理由」という意味の reason を含むフレーズも One reason is …「ひとつの理由は…だ」のような形でよく使われます。

◎ **Because A, B/B because A**「AなのでB」
  Because he's wearing an apron, I think he works there.
  エプロンを着ているので、彼はそこで働いているのだと思います。
  I think it's a cocktail **because** there is a thin straw in her rocks glass.
  彼女のロック・グラスに細いストローが刺さっているので、それはカクテルだと思います。

◎ **Since A, B/B since A**「AなのでB」
  Since the teacher is smiling, I think he enjoys his job.
  ほほえんでいるので、先生は仕事を楽しんでいると思います。
  It looks like summertime, **since** she's wearing a pair of shorts.
  彼女が半ズボンを履いているので、夏の時期のようです。

◎ **One reason is because of …**「ひとつの理由は…だ」
  One reason is because of the writing on the chalkboard.
  ひとつの理由は黒板の書き物です。

◎ **Another reason is because …**「もうひとつの理由は…だからだ」
  Another reason is because the teacher is wearing a lab coat.
  もうひとつの理由は、先生が実験用のコートを着ているからです。

◎ **so A (that) B**「とてもAなのでB」
  Sashimi is **so** expensive **(that)** I only eat it on special occasions.
  刺身はとても値が張るので、特別なときにしか食べません。

◎ **Judging by …**「…から判断すると」
  Judging by their size, these kids look like middle-school students.
  サイズから判断して、この子どもたちは中学生でしょう。
  ＊アメリカの4-4-4制の地域の中学に当たる学校。5年生から8年生が通う。

◎ **Based on …**「…に基づくと；…を踏まえると」
  Based on his smile, I think he's a good salesperson.
  彼の笑顔から、彼はよいセールスマンだと思います。

21　頻度を述べる

自分の生活の中で、なにをどのくらい頻繁に行っているのか説明する場合はよくあります。もっとも基本的な頻度の表現としては、sometimes「ときどき」、often「よく；頻繁に；たびたび」、quite often「かなり頻繁に」といった表現があります。また、「…につき」という意味になる a … を用いて、once a month「ひと月に一度」、several times a week「週に数度」といった表現もよく用いられます。

◎ **often**「よく；頻繁に；たびたび」
　I often shop at small shops like this one.
　よくこういった小さな店で買い物します。
　My wife often gets mad at me because I get home so late.
　私がとても遅く帰宅するので、妻はよくカンカンになります。
　　＊ get mad「カンカンになる；怒る」。

◎ **sometimes**「ときどき；ときには」
　Sometimes we just have drinks, but we often have dinner together too.
　ときには飲むだけのこともありますが、いっしょに夕食を食べることもよくあります。

◎ **once in a while**「ときどき」
　However once in a while they do happen.
　しかしながら、それはときどき起こるのです。

◎ **Occasionally**「時折」
　Occasionally you can still see people wearing kimonos in Japan, but not very often.
　日本では時折、いまだに着物を着ている人が見られますが、それほど頻繁ではありません。
　　＊ sometimes よりも頻度が低い。上の once in a while も同じ。

◎ **quite often**「かなり頻繁に」
　I think they ride together quite often.
　彼らはかなり頻繁にいっしょに乗っているのだと思います。

◎ **once a month**「月に一度」
　My family has a hotpot meal about once a month.
　わが家では、だいたい月に一度くらい鍋料理をします。

◎ **several times a week**「週に何度か」
　I go out drinking with co-workers several times a week.
　週に何度か同僚と飲みに出かけます。

22 存在を表す

特に写真などを見ながら話す場面では、なにがどこにあるのかを述べる必要が出てきます。もっとも一般的なのは、There is ..., There are ...「…がある」という構文を使った言い方です。これは、〔There is ... +場所の形〕でよく登場します。また、be動詞も存在を表すので、〔A be 場所〕「Aが…にある／いる」という言い方や、これが倒置された〔場所 be A〕「…にはAがある／いる」という言い方もよくします。

◎ **There is/are...**「…がある」
   There are footprints in the snow from several people.
   雪には数人の足跡があります。
   * footprints「足跡」。
   On the table, **there are** some eggs in a carton.
   テーブルの上に、カートンに入った卵がいくつかあります。
   In the foreground, **there is** a living room with a sofa.
   手前に、ソファーのある居間があります。
   * foreground「最前部；前景」。
   It's obviously wintertime, because **there is** snow on the ground.
   地面に雪があるので、明らかに冬の時期です。

◎ **A be 場所**「Aが…にある／いる」
   It looks like they **are** in a tropical location.
   彼らは熱帯の地域にいるようです。
   * location「場所」。
   She might **be** on a college campus.
   彼女は大学のキャンパスにいるのかもしれません。
   I suppose they **are** in a jungle.
   彼らはジャングルにいるのだと思います。
   A kitchen **is** toward the back and a dining room **is** to the right.
   キッチンが後ろのほうに、ダイニングが右のほうにあります。
   * toward the back「後ろのほうに」。　to the right「右のほうに」。

◎ **場所 be A**「…にAがある」
   Next to the eggs **is** a bowl of flour.
   卵のとなりにボウルに入った小麦粉があります。
   * flour「小麦粉」。
   On the left side of the picture **is** a European-style phone booth.
   写真の左側に欧風の電話ボックスがあります。
   * European-style「欧風の」。

23 共通・類似・同一に言及する

見たものの共通性や、同一性を表す表現には、both A and B「AとBの両方」や、both ...「両方の…」、the same ...「同じ…」といったものがあります。All of ...「…の全部が」やAll five of ...「…の5人全部が」などと、allを使ったフレーズでも共通項が表現できます。さらに、have in common「共通して持つ」というフレーズやidentical「同一の」という形容詞を用いることもできます。

◎ **both ...**「両方とも…」
They are both pushing a shopping cart.
彼らのどちらもショッピングカートを押しています。

◎ **Both A and B**「AとBの両方」
Both the man and the woman are looking at a map.
男性も女性も地図を見ています。

◎ **both of ...**「…の両方」
Surely, both of them wish this didn't happen.
確実に、彼らの両方ともこれが起こってほしくなかったでしょう。

◎ **the same**「同じ；同一の」
They are both wearing the same shorts.
彼らは同じ半ズボンを履いています。
Lastly, their haircuts are the same.
最後に、彼らの髪型が同じです。
The boats are all the same size and shape.
ボートはすべて同じサイズと形をしています。

◎ **identical**「同一の；まったく同じ」
Their shirts and backpacks are identical.
彼らのシャツとバックパックはまったく同じです。

◎ **all ...**「みんな…」
Another thing we can see is that they are all having a good time.
もうひとつわかることは、彼ら全員が楽しんでいることです。

◎ **All of ...**「…は全部」
All of the people in this picture are using umbrellas.
この写真の中の人たちはみな傘を使っています。

◎ **All 数 of ...**「…の〜人全部」
All five of them are laughing, though.
しかし、5人全員が笑っています。

◎ **have in common**「共通して持っている」
One thing they have in common is they are wearing hats.
彼女らの共通点のひとつは、帽子をかぶっていることです。

24　比較して述べる

いくつかのものを見ながら比較して話をするときに用いられる表現を確認しましょう。as A as B「Bと同じくらいA」、not as A as B「BほどAではない」、-er than A「Aよりももっと…」、more A than B「BよりももっとA」、the -est/most ...「もっとも…」などの構文を再確認してください。また、compared to ...「…と比べて」という言い方もよく使われます。

◎ **-er than A**「Aよりももっと…」
Green tea is much **healthier than** coffee.
緑茶のほうがコーヒーよりずっと健康的です。
The room in this picture is **bigger than** my entire apartment.
この写真の部屋は私のアパート全体よりも大きいです。
Both are big, but the one on the right is much **bigger**.
どちらも大きいですが、右側のほうがずっと大きいです。
　＊ much は強調を表す。
Compared to driving, flying is a **faster** way to travel.
運転と比べて、飛行機はより高速な旅行法です。

◎ **more than ...**「…よりも多く」
I often spend **more than** I should.
私はしばしば、使うべき額よりも多く使います。
　＊ ここでの more は much「多く」の比較級。

◎ **more ... than A**「Aよりももっと多くの…」
Every year, **more** people die in car accidents **than** plane crashes.
毎年、飛行機事故よりも多くの人が自動車の事故で亡くなります。
　＊ この more は many の比較級。

◎ **the -est/most ...**「もっとも…」
They say that flying is **the safest** way to travel.
飛行機はもっとも安全な旅の方法だと言われています。
The tallest building in this picture is Tokyo Tower.
この写真でもっとも高い建物は東京タワーです。
This is one of **the most famous** statues in America.
これはアメリカでもっとも有名な像のひとつです。

◎ **as much as ...**「…と同じくらい；…ほども多く」
A portion like the one in this picture probably costs **as much as** 5,000 yen.
この写真の中のもののようなひと盛りで、おそらく5千円ほどもします。
　＊ portion は「ひと盛り；一人前」。
　　ここでの as much as ... は「…ほども多く」と多さを強調する言い方。

25 進行形で表現する

街や写真の中の人や物などが動作しているときには、進行形で現在行われている動きを描写することができます。現在の動作であればam/is/are -ing「…している」と現在進行形で、過去であれば、was/were -ing「…していた」と過去進行形で表現できます。mightやcould, appear to ... などと組み合わせれば、「…しているのかもしれない」「…しているようだ」などと推量を表すこともできます。

◎ **be (not) -ing**「…している／していない」
The man in the middle **is holding** a piece of paper.
真ん中の男性は紙切れを1枚持っています。
　＊ a piece of ...「ひと切れの…」。
The big boat **is moving**, while the smaller boat **is sitting** still.
大きな船は動いていますが、小さい船は停まっています。
　＊ sit still「じっとする；動かない」。
Two of the children **are raising** their hands.
ふたりの子どもが手を挙げています。
Many people **are walking** across the street.
多くの人々が通りを渡って歩いています。
She's obviously **not talking** on the phone.
彼女は明らかに電話で話をしていません。

◎ **might/could be -ing**「…しているのかもしれない」
She **might be posting** something on Facebook.
彼女はFacebookになにかを投稿しているのかもしれません。
They **could be looking** at a subway map.
彼らは地下鉄の路線図を見ているのかもしれません。

◎ **be possibly -ing**「ひょっとすると…しているかもしれない」
The man **was possibly texting** and driving.
その男性はひょっとするとショートメールを打ちながら運転していたのかもしれません。
＊ textは「ショートメール／SMSを打つ」という意味の動詞。

◎ **appear to be -ing**「…しているように見える」
The woman **appears to be taking** his picture.
その女性は彼の写真を撮っているように見えます。

26 経験・完了・過去を述べる

自分の経験を話したり、すでに起こったことを述べたりするときには、現在完了形や過去形を用いる必要が出てきます。〔have +過去分詞〕で表現される現在完了形には、「（過去から現在までに）…したことがある」という経験用法、「（過去から現在まで）ずっと…している」という意味の継続用法、「（過去から現在までに）…してしまった」という意味の完了用法があります。過去形の文とともに、例文で確認していきましょう。

◎〔過去形〕「…した」
I **bought** a necklace for my girlfriend.
私は彼女にネックレスを買いました。
She just **finished** shopping.
彼女はちょうど買い物を終えたところです。

◎ **used to/would ...**「よく…したものだ；かつては…だった」
I **used to** like roller coasters very much, but I **haven't been** on one since I was in my teens.
かつてはジェットコースターが大好きでしたが、10代の頃から乗っていません。
　＊ haven't been on oneは「コースターに乗っていない」という意味です。
When I was young my grandfather **would** take me shopping on weekends.
幼い頃は、よく週末に、祖父が買い物に連れていってくれたものです。

◎〔現在完了形・完了〕「…した；してしまった」
It's not snowing now, but it **has snowed** recently.
いま雪は降っていませんが、最近、降ったのです。

◎〔現在完了形・継続〕「ずっと…している」
As such, Japanese **have enjoyed** hot springs for centuries.
それゆえ、日本人は大昔から温泉を楽しんできたのです。

◎〔現在完了形・経験〕「…したことがある」
I**'ve never been** there before, but I'm going there in two months.
以前そこには行ったことがありませんが、2カ月後に行くのです。
I**'ve never been** sledding, but I go skiing a few times a year.
そり滑りはしたことがありませんが、年に数回スキーに行きます。

27　関係詞で表現する

関係代名詞や関係副詞などの関係詞を使えば、人や物、場所や時間などについてさらに詳しい状況を述べることができます。主格の関係代名詞は「そしてそれは…；そしてその人は…」、目的格の関係代名詞は「そしてそれを…；そしてその人を…」という意味で捉えましょう。また、関係副詞のwhereは「そしてそこでは…」という意味だと理解すれば難しくありません。

◎〔関係代名詞・主格〕**who/which/that ...**「そしてその人は…／そしてそれは…」
The woman who is holding the baby is almost certainly its mother.
赤ん坊を抱えている女性はほぼ確実に母親でしょう。
A person who was in a tall building probably took this picture.
おそらく高いビルにいる人がこの写真を撮影したのでしょう。
There's a second floor, which is probably where the bedrooms are.
２階がありますが、そこにはおそらくベッドルームがあるのでしょう。
　＊whereは関係副詞。
Perhaps it's a store that sells imported products.
それはおそらく輸入品を販売している店でしょう。

◎〔関係代名詞・目的格の省略〕**(that) ...**「そしてそれを…」
The vegetables (that) she's holding look very fresh.
彼女が抱えている野菜はとても新鮮に見えます。
　＊vegetableのあとの目的格の関係代名詞thatが省略された例。

◎〔関係副詞〕**where ...**「そしてそこでは…」
I'm almost certain this picture was taken in Kyoto, since Kyoto is where many geisha are trained.
この写真はほぼ確実に京都で撮られたものでしょう。京都は多くの芸者が修行する場所だからです。
　＊関係副詞whereの前の先行詞the placeが省略されている。このように先行詞が省略される場合が多い点にも注意。
The time of year the tea is picked depends on the area where it is grown.
お茶が摘まれる時節は育てられる場所によります。
　＊the time of year「(1年のうちの)時期」。
I can't understand how people can live in places where there is no change of seasons.
季節の移り変わりのない場所でどうやって人が暮らせるのか理解できません。

28　未来時制で表現する

写真の中の物事の今後の展開などを語るときには未来の表現を用いる必要が出てきます。もっとも基本的なものは助動詞willを使って、will ...「…するだろう；…するでしょう」と表現する方法です。また、be -ingと進行形を使って「近い未来」を表す用法もあります。ここで取り上げていませんが、be going to ...「…するつもりだ；予定だ」と決まっている予定を話すフレーズもあります。

◎ **will ...**「…するだろう；…するでしょう」
The police **will** probably give the man a ticket.
警察は彼らに（違反の）チケットを切るでしょう。
I imagine they **will** call a tow truck.
彼らはレッカー車を呼ぶだろうと思います。
My guess is that they**'ll** go home.
彼らは帰宅するのだろうと思います。
They are surrounded by a forest, so they **will** probably see a variety of animals.
森に囲まれているので、彼らはたぶんいろいろな動物に出会うでしょう。
Some people say private space travel **will** be common in the near future.
個人の宇宙旅行が近い将来一般化するだろうと言う人もいます。
In the coming days, they **will** be doing experiments.
今後数日で、彼らは実験をしていることでしょう。

◎ **be -ing**「（近い未来に）…する（だろう）」
It looks like this hiker **is spending** a few nights outdoors.
このハイカーは数夜を屋外で過ごすのでしょう。
I've never been there before, but **I'm going** there in two months.
以前そこへ行ったことがありませんが、2カ月後に行くのです。

29　受け身で表現する

Unit 24から文法を効果的に使った表現を見てきましたが、文法項目の最後に「～が…される」という意味になる受動態表現を確認しましょう。受動態は〔be動詞＋過去分詞〕の形で「…される・されている／された・されていた」といった意味になります。by ...「…によって」、with ...「…で」、for ...「…のために；…に向けて」といった語句と組み合わせた使い方も確認しておきましょう。

◎ **be called ...**「…と呼ばれる」
The river shown in the center of the picture **is called** the Kanda River.
写真の真ん中の川は神田川と呼ばれています。

◎ **be decorated with ...**「…で飾られる」
The tree **is decorated with** Christmas lights and ornaments.
その木はクリスマスのライトや装飾で飾りつけられています。
  ＊ornament「装飾；飾り」。

◎ **be made for ...**「…向けに作られる」
All of these products are made for women.
これらの製品はすべて女性向けに作られています。

◎ **be bred and trained to ...**「…するために飼育され訓練される」
The horses are bred and trained to run very fast.
馬はとても速く走るように飼育され訓練されます。
　＊breedは「飼育する」。　trainは「訓練する」。

◎ **be boiled in ...**「…の中でゆでられる」
Normally, the ingredients are boiled in broth and shared by people at the table.
ふつう、食材はスープの中でゆでられ、テーブルのみんなで分け合います。

◎ **be surrounded by ...**「…に囲まれる」
They are surrounded by a forest, so they will probably see a variety of animals.
彼らは森に囲まれているので、おそらくいろいろな動物に遭遇することでしょう。

◎ 〔過去の受動態〕**was/were taken at ...**「…で撮られた」
This picture was taken at an airport.
この写真は空港で撮られたものです。

◎ 〔受動態の進行形〕**be being photographed ...**「写真撮影されている」
The woman sitting in the chair is being photographed.
イスに座っている女性が、写真を撮られています。

30　数・量・割合を表現する

目の前に複数のものがあるときには、その数を示すことで情報を伝えることが必要になるかもしれません。基本的な数の表現を確認していきましょう。「いくつかの；いくらかの」という意味のsomeや「多くの；たくさんの」という意味のa lot of, many, muchなどがもっとも基本的なものですが、このほか、most of ...「ほとんどの」、some of ...「…のいくつか；いくらか」、two of ...「…のふたつ；ふたり」などofを含むフレーズが多用されます。

◎ **some**「いくつかの；いくらかの」
Some coffee cups are in front of the bottles.
ボトルの前にコーヒーカップがいくつかあります。

◎ **a lot of ...**「たくさんの…」
These children received a lot of presents.
この子たちはたくさんのプレゼントをもらいました。

◎ **a number of ...**「数名の…；多くの…」
Recently, a number of Japanese astronauts have gone to the International Space Station.
最近は、数名の日本人宇宙飛行士が国際宇宙ステーションに行きました。

◎ **only a few ...**「ほんの少しの…」
There are only a few clouds in the sky.
空にはわずかな雲しかありません。

◎ **most of ...**「ほとんどの…」
Most of the people in the boats are couples.
ボートに乗っている人のほとんどはカップルです。

◎ **many of ...**「…の多く」
Many of them are likely on a date.
彼らの多くはデートしているようです。

◎ **some of ...**「…のいくらか；いくつか」
Some of them are crossing the street.
彼らのいくらかは通りを横断しています。

◎ **two of ...**「…のふたり」
Two of the women are drinking wine.
女性のふたりはワインを飲んでいます。

◎ **the majority of ...**「…の大部分」
The majority of them are probably tourists.
彼らの大部分はおそらく旅行者でしょう。

31 時間・時刻の表現

ここでは、right now「ちょうどいま」、at the moment「目下；現在は；ちょうどいま」、recently「最近；昨今」、nowadays「近頃」など、時間を表す副詞や副詞句の基本的なものを紹介しておきます。When I was younger, I used to ride it everyday.「幼かった頃は、毎日それに乗っていました」のようにwhen ...「…のとき」などの接続詞を用いて時間を表す節を作る方法も確認しておきましょう。

◎ **at the moment**「ちょうどいま；目下」
At the moment, she's using her cell phone.
ちょうどいま、彼女は携帯電話を使っています。

◎ **right now**「ちょうどいま」
Right now everybody in the picture is smiling.
写真の人物全員が、ちょうどいま笑っています。

◎ **now**「いま」
Now, she's paying for her purchases.
いま、彼女は買い物の支払いをしています。

◎ **nowadays**「近頃；最近」
Nowadays I only go to small shows in restaurants and bars.
近頃は、レストランやバーの小さなショーにしか行きません。

◎ **recently**「最近；昨今」
Recently, a number of Japanese astronauts have gone to the International Space Station.
最近は、数名の日本の宇宙飛行士がISSに行きました。

◎ **in the near future**「近い将来」
Some people say private space travel will be common in the near future.
近い将来、個人的な宇宙旅行が一般的になると言う人もいくらかいます。

◎ **several years ago**「数年前」
Several years ago, America stopped using the shuttle because it was too costly.
コストが高いので、アメリカは数年前にシャトルを使うのをやめました。

◎ **back when ...**「(過去に) …だった頃は」
Back when NASA was launching space shuttles, it was a popular event to go and see.
NASAがスペースシャトルを打ち上げていた頃、それは人気の見物イベントでした。

◎ **since ...**「…以来」
I used to like roller coasters very much, but I haven't been on one since I was in my teens.
かつてはとてもジェットコースターが好きでしたが、10代の頃からは乗っていません。

32　気象・天候・季節の表現

写真などを見てその環境に言及する場面では、気象状況や気候などを説明したいことがあります。sunny「晴れの」、cloudy「曇りの」、rainy「雨の」、snowy「雪の」などの基本的な形容詞を確認しましょう。また、cold and rainy「寒く雨の降った」、clear and calm「晴れて穏やかな」、sunny and warm「晴れて暖かな」など、形容詞を組み合わせた表現も身につけましょう。

◎ **the sun is shining**「日が照っている」
The sun is shining brightly.
明るく日が照っています。

◎ **sunny and warm**「晴れて暖かな」
It looks sunny and warm.
晴れていて暖かい様子です。

◎ **the weather looks beautiful**「すばらしいお天気に見える」
The weather looks beautiful here.
ここはすばらしいお天気のようです。

◎ **there isn't a cloud**「雲ひとつない」
There isn't a cloud in the sky.
空には雲ひとつありません。

- **clear and calm**「晴れて穏やかな」
 It's a clear and calm night, perfect for shooting off fireworks.
 晴れて穏やかな、花火を打ち上げるのには最適な夜です。

- **cold and rainy**「寒くて雨の」
 It's cold and rainy.
 寒くて雨が降っています。

- **it's raining**「雨が降っている」
 It's raining, but not very hard.
 雨が降っていますが、それほどひどくはありません。

- **chilly**「ひんやりした；冷える」
 It looks a little chilly, because most of the people are wearing jackets or sweaters.
 ほとんどの人がジャケットかセーターを着ているので、ちょっとひんやりしているようです。
  * chillyは「ひんやりした」の意。cold「寒い」よりも寒さが弱く、cool「涼しい」よりも強い。

- **cold**「寒い」
 There's snow, but it doesn't appear very cold.
 雪がありますが、それほど寒そうではありません。

33 場所・位置・方向を述べる

写真の中や目の前に見えるものの位置関係を示しながら表現するために必要な言い方を確認していきましょう。in front「手前の」、in back「後ろの」、in front of ...「…の前の」、behind ...「…の後ろに」、in the foreground「前景に／の」、in the background「背景に／の」、in the center of ...「…の真ん中に／の」など多様な言い方を身につけましょう。

- **in front**「手前の」
 The boy and girl in front are likely brother and sister.
 手前の少年と少女はきょうだいのようです。

- **in back**「後ろの」
 If that is true, the woman and man in back must be the parents.
 もしそうなら、後ろの女性と男性は両親のはずです。

- **in front of ...**「…の前に」
 This picture shows a person sitting in front of a lake.
 この写真には、湖の前に座っている人が写っています。

- **behind ...**「…の後ろに」
 There's a bike behind her, so I think she rode here.
 彼女の後ろに自転車があるので、ここまで自転車に乗ってきたのだと思います。

◎ **in the foreground**「手前に；前景に」
In the foreground a train is coming out of a tunnel.
手前では、電車がトンネルから出てくるところです。

◎ **In the background**「背後の；背景の」
The tall buildings in the background must be office buildings.
背景にあるビル高いビルはオフィスビルに違いありません。

◎ **in the center of ...**「…の真ん中に」
There are "double-decker" buses in the center of the picture.
写真の真ん中に２階建てバスがあります。

◎ **on the left side of ...**「…の左側に」
On the left side of the picture is a European-style phone booth.
写真の左側には欧風の電話ボックスがあります。

◎ **on the right**「右側に」
On the right, the Tokyo Tower is brightly illuminated.
右側では、東京タワーが明るくイルミネーションされています。

◎ **in the middle**「真ん中の」
The man in the middle is holding a piece of paper.
真ん中の男性はひと切れの紙を握っています。

◎ **on the left**「左の」
The woman on the left is a customer.
左の女性はお客さんです。

◎ **next to ...**「…の隣の」
There's a cup next to her on the bench.
ベンチの上の彼女の隣にはカップがひとつあります。

◎ **around ...**「…の周りに」
This picture shows four people sitting around a table.
この写真には、テーブルを囲んで座っている４人の人物が写っています。

長尾 和夫（Kazuo Nagao）

福岡県出身。南雲堂出版、アスク講談社、NOVAなどで、大学英語教科書や語学系書籍・CD-ROM・Webサイトなどの編集・制作・執筆に携わる。現在、語学書籍の出版プロデュース・執筆・編集・翻訳などを行うアルファ・プラス・カフェ（www.alphapluscafe.com）を主宰。『絶対「英語の耳」になる！』シリーズ全15点、『英語で話す力。』（三修社）、『日常生活を英語でドンドン説明してみよう』（アスク出版）、『英語表現 見たまま練習帳』（DHC）、『朝起きてから寝るまで英文法』『ビジネス英会話 高速変換トレーニング』（アルク）、『英語で自分をアピールできますか？』『英語でケンカができますか？』（角川グループパブリッシング）、『書き込み式・英語で自分を説明できる本』（日本経済新聞出版社）、『ネイティブ英語がこう聞こえたら、この英語だ！』（主婦の友社）ほか、著訳書・編書は250点を超える。『English Journal』（アルク）、『CNN English Express』（朝日出版社）など、雑誌媒体への寄稿も行っている。

トーマス・マーティン（Thomas Martin）

米国在住、米国オハイオ州出身。南山大学卒業。日本語・日本史専攻。株式会社NOVAでの豊富な英語指導経験を活かし、同社出版局に移籍。雑誌『NOVA Station（ノヴァ・ステーション）』、語学書籍シリーズ『NOVA Books』をはじめ、数多くの英語・異文化交流関連出版物の編集・執筆・翻訳等に携わる。98年に独立後も、語学書籍の執筆・編集、知的財産権関連の翻訳、ビリヤード専門誌『CUE'S』の連載を手がけるなどマルチに活躍中。著訳書に『つぶやき英語 ビジネス編』（アスク出版）、『絶対「英語の耳」になる！ 音声変化リスニング・パーフェクト・ディクショナリー』（三修社）、『説明するためのビジネス英語表現練習帳』（DHC）、『イラスト会話ブック・アメリカ』（JTBパブリッシング）、『新方式対応 TOEICテスト厳選トータル問題集』（すばる舎）などがある。

編集協力：A+Café
音声収録：ヒトスタ
ナレーター：Christine Lundell
カバーデザイン：谷口純平（想像力工房）
本文デザイン：一柳茂（クリエーターズユニオン）

見たもの全部を英語で言うトレーニングブック

発行日	2016年 5月 1日	第1版第1刷
	2016年 6月15日	第1版第2刷

著　者　長尾　和夫／トーマス・マーティン

発行者　斉藤　和邦

発行所　株式会社　秀和システム
〒104-0045
東京都中央区築地2丁目1-17　陽光築地ビル4階
Tel 03-6264-3105（販売）　Fax 03-6264-3094

印刷所　株式会社ケーコム

©2016 A+Café　　　　　　　　　　Printed in Japan
ISBN978-4-7980-4644-0 C0082

定価はカバーに表示してあります。
乱丁本・落丁本はお取りかえいたします。
本書に関するご質問については、ご質問の内容と住所、氏名、電話番号を明記のうえ、当社編集部宛FAXまたは書面にてお送りください。お電話によるご質問は受け付けておりませんのであらかじめご了承ください。